〈研修生〉という名の奴隷労働

外国人労働者問題とこれからの日本

「外国人労働者問題とこれからの日本」編集委員会

花伝社

〈研修生〉という名の奴隷労働——外国人労働者問題とこれからの日本◆目次

第2部　裁判に立ちあがる

第3部　【寄稿】外国人労働者の受入れをどう考えるか

はじめに

石原　勝幸（熊本県労連議長）

皆さんの中に二〇〇八年一〇月八日（水）午後一〇時から始まった、「ＯＬにっぽん」というテレビドラマをご覧になった方がおいででしょうか。第一回目の副題は「働く女はすっぴん!?日本ＶＳ中国お仕事バトル勃発!!」となっていました。筋書きは、大企業の職場を根こそぎ中国の委託会社に移す（現実に多方面に進行している）もので、ドラマでは、総務課の仕事を移すものです。日本の労働者は、仕事の内容・経験から絶対に移せるものではないと抵抗します。そこで委託を受ける中国の「仕事のマニュアル作り」に来た二人の中国人研修生とことごとく衝突するのです。そこで、「マニュアル」作りに協力するかしないかを、パソコンによる顧客管理名簿作りの正確さと速さで勝負するのです。結果は日本の女性労働者（主人公の女優観月ありさ）が敗北するのです。どうして中国人研修生たちには、あんなことができるのか、との問いに「日本には、もうあのような、中国のおくれた貧しい生活の中から、家族・親戚・地域を背負って人生を成功させようとするような生き方をする人はいないでしょうね」との答えが返ってくるのです。

読者にお届けする本書では、まさにこのドラマに登場する中国人女性のように、日本に働きに行って、中国の貧しさから少しでも抜け出したい、家族に喜んでもらいたいと日本にやってきた実習生の話が出発点になっています。ところが現実は、一年目は労働雇用関係が認められない研修、続く二年間が労働法適用の実習なのですが、彼女たちは中国から来たその日から夜九時、十時まで働かされ、休日は月に一日あるかないか、住まいは家庭用の風呂しかないところに十人以上も詰め込まれる。それでももらえる固定賃金は、六万から六万五千円。残業代は、一年目は一時間三〇〇円（基本的には、研修なので出ない）、二年目が三五〇円、三年目が四〇〇円（日本の受入れ企業での取り決めになっている）です。このような処遇に不満を言おうものなら、「すぐ帰国させる。中国での保証金七〇万円から八〇万円（家族親戚ぐるみで集めたお金）は没収、家族・親戚に損害賠償をしてもらう」などと脅され、実態が闇に閉ざされていたのです。

この中から彼女たちは「私たちは人間です」と奇跡的な伝をたどって、二〇〇七年九月に熊本県労連のローカルユニオンに加入してきたのです。

正直言って、このときまで私たちは外国人労働者の問題について、ほとんど何も知らなかったのです。顧問弁護士の方々と連絡をとり、外国人労働者問題に取り組んでいる首都圏移住労働者ユニオンからアドバイスをもらい、熊本県労連として、個人加盟の受け皿となるローカルユニオンを本格的に稼働させて、彼女たちがこれに加盟。働いていた縫製工場が倒産したために未払いとなっている賃金の支払いを求めて、第一次受入れ機関である協同組合を相手に団体交渉に入りました。しかし、この交渉はラチがあかず、〇七年一二月に未払い賃金の支払いと慰謝料を求めて、熊本地裁に提訴。全国でもこうした問題は多発していましたが、労働組合の課題として真正面から取り組み、裁判にまで持ち込んだ例は、この時点では、全国的にもまだ少なかったのではないでしょうか。

翌年、〇八年四月には、阿蘇の農場で働く中国人農業実習生も同様の事態ということで、同じくローカルユニオンに加盟して熊本地裁に提訴。二つの裁判に取り組む中で、私たちはとてつもなく大きな課題に直面していることが見えてきました。外国人労働者の強制労働の実態、それを支える外国人研修生・技能実習制度の問題、そうした低賃金にかろうじて支えられている中小零細企業や農業の現実……。

私たちは、二つの裁判のために、熊本で「中国人研修・技能実習生を守る会」を組織して進めてきましたが、一連の取り組みの中で、二つの裁判闘争の道筋を明らかにし、その意義を深めるべく、「外国人労働者問題シンポジウム」を企画、全労連との共催のもとに、〇八年六月二二日に熊本で同名のシンポジウムを開催しました。外国人労働者の問題を長年取材してきたジャーナリスト、この問題を国際的なひろがりの中で調査・分析してきた研究者らを招いての論議は、参加者に大きな衝撃を与えたのです。

今回のこの「本」は、その衝撃のシンポジウムの記録をまとめるとともに、さらに「外国人労働者の受け入れをどう考えるか」について、識者のみなさんにも執筆をお願いし、鋭い問題提起をしていただき、多くの方々にぜひ読んでいただきたい内容になったと考えています。

世界をアメリカの金融政策の崩壊による経済・生活不安が襲っています。いま、「大企業の社会的責任の追及」「戦争によらない紛争解決」＝「日本国憲法に基づく日本」。そういう日本への根本的転換が急務になっています。彼女たちを含めた、非正規労働者のたたかいの前進のために……、それから、新自由主義の同じ被害者である中小企業家の経営のために、本書が役立つことを切に願うところです。

第1部 〈外国人労働者問題シンポジウム〉より

二〇〇八年六月二二日
熊本学園大学高橋守雄記念ホール
主催 〈外国人労働者問題シンポジウム〉実行委員会
全国労働組合総連合（全労連）

開会あいさつ

西　清次郎（弁護士、熊本県労働弁護団事務局長）

〈外国人労働者問題シンポジウム〉開会にあたり、はじめに実行委員会の構成団体であります労働弁護団のことについて若干ＰＲをさせていただきます。労働弁護団は、労働事件に関して、労働者の立場から権利救済にあたる弁護士集団で、熊本県下で二〇名の弁護士が加盟し活動しております。全国的には、日本労働弁護団といい、最近では有名なところで、マクドナルドの「名ばかり管理職」の実態を暴いたということで、いろいろマスコミにも取り上げられております。

本日は労働事件の中でも、外国人の労働者問題ということで、シンポジウム等が今から行われますけれども、この外国人研修・技能実習制度というのは、建前上では途上国への技能移転による国際貢献という趣旨で設けられた制度ですけれども、その実態は、「名ばかり管理職」ではないですけれども、「研修生」というのは名ばかりでして、実質上は労働者として働かされて、その実、最低賃金も守られない実態でして、そういうことが明らかになっております。熊本でも、後ほど報告がありますが、二件の裁判がすでに継続しております。全国的にも各地で係争されておりまして、全国的にこの問題に取り組む弁護団の組織も、外国人研修生問題弁護士連絡会（研修生弁連）として発足されております。

本日は、この問題に詳しい日本大学の永山利和教授をはじめとするシンポジストを交えて、熊本の弁護団団長である寺内弁護士をコーディネーターとして、この問題、外国人の労働問題の実態を暴いて、その実態が明らかにされることと思います。

Ⅰ　熊本でたたかわれている中国人実習生の二つの裁判

天草の縫製技能実習生訴訟［事件報告］

小野寺　信勝（弁護士、中国人縫製技能実習生訴訟労働弁護団事務局長）

私は、天草の縫製工場で働いていた中国人実習生の裁判（「天草の縫製技能実習生訴訟」）を担当しております小野寺と申します。この天草の事件について報告をします。

まず、彼女らの労働時間ですが、一日約一二時間、休日は、月に一日程度という労働条件でした。基本給は月六万円。これは研修・技能実習を通じてです。それと、残業代は時給三〇〇円。そういう労働条件でした。それだけではなくて、通帳とパスポート、これを逃亡防止という目的で取り上げられていました。

この問題が昨年（二〇〇七年）夏に発覚したんですけれども、その後、ローカルユニオン熊本という労働組合で彼女たちを保護しまして、第一次受入れ機関である協同組合（プラスパアパレル協同組合）に対して、団体交渉を申し入れました。しかし、相手方については、団体交渉には応じない、一切拒否するという回答で、話し合いは全く進みませんでした。

そこで、昨年の一二月六日に、未払い賃金と慰謝料を求めて訴訟を提起しました。また、彼女たちは日本では働くことはできないという立場にあり、生活が非常に困窮しますので、仮処分も併せて申し立てました。

小野寺信勝弁護士

裁判の相手方は、彼女たちが実際に働いていた天草の縫製会社二社とプラスパアパレル協同組合、そしてこの制度を事実上運営しておりますＪＩＴＣＯ（財団法人国際研修協力機構）という組織、これらを相手方として裁判に踏み切りました。

今日まで訴訟・仮処分あわせてそれぞれ四回ずつの期日が開かれました。この裁判の大きな争点は、まず、研修生の労働者性です。研修生については、この「外国人研修・技能実習制度」の建前上、あくまでも学生と同じように、学ぶ立場にあるということで、最低賃金法の適用がないとされています。業者側は、これを逆手にとって、安い最低賃金以下の賃金で労働をさせていたという実態があります。しかし、この実態というのは、あくまでも日本人や技能実習生と同じ労働をさせられていたということで、研修生であっても、最低賃金法を適用すべきだというのが一つの大きな争点です。

もう一つは、協同組合の不法行為責任、そしてＪＩＴＣＯの不法行為責任。ＪＩＴＣＯは、国の機関ではなくて財団法人という建前をとっていますので、「あくまでも私的な団体ということで、この制度の適正化に向けて何をしなければならないという義務まではありません」と主張しています。ただ、実際上はこれは国がつくった機関ですから、国と同じように制度を適正にすべき義務があるんではないかというのが、こちらの主張です。

仮処分では、研修生の労働者性に論点を絞ってこれまで期日を重ねてきました。こちらは、非常に過酷な労働を強いられたということで、その事実をもって主張していますが、協同組合の方については、適正に研修を実施していましたというだけで、なんらの具体的な主張もしていません。そればかりか、先日提出された陳述書という書面には、彼女たちが裁判を起こしたことに対して、日本に対する悪意に満ちたものだと、この制度の趣旨を彼女たちや支援者が理解すべきだという、まるで彼女たちに非があるというような主張をしてきました。とても許せない主張ではあるんですが、こう言わざるを得ないのは、向こうがもう何も主張することがないということの表れだと思います。

仮処分については六月二四日、明後日に期日が開かれます。われわれとしては、主張や立証はすでに終わっているということで、明後日の期日で仮処分については結審しようと裁判所に求めています。この仮処分決定の中で、研修生の労働者性というものを正面から認める決定が出されれば、これは彼女たちが救済をされるというだけでなく、さらに被害の声をあげられない多くの研修生や実習生に対しても大きな影響が出るという、重要な決定になると思います*。最後になりますが、裁判は今後もまだ継続しなければいけないという状況にあります。彼女たちはいま、働けないというつらい立場にあります。生活費はいまカンパで賄っているというのが現状です。ですから、今日ご参加いただいた方には、ぜひ多少でもかまいませんので、カンパをよろしくお願いしたいと思います。

* 熊本地裁は、二〇〇八年八月八日、この仮処分申立に対し、一年目の研修生の労働者性については判断せず、訴訟進行は弁護士に任せれば研修生が帰国しても継続できるとして、仮の執行を認めない不当決定をくだした。

天草の縫製技能実習生訴訟［技能実習生の訴え］

谷　美娟（グ・メイチェエン）

私は、二〇〇六年の一月まで中国の縫製工場で働いていました。日本で働きたいと思って、中国の派遣会社に四万元を払い、日本に来ました。四万元は、日本円で七〇万円くらいです。中国での私の給料は月に一〇〇〇元くらいだったので、三年分以上になります。このお金は、親戚と親の友人に借りました。また、私が契約に違反したら、保証人になってくれたいとこが一五万元も払わないといけません。

二〇〇六年の四月、私は、フェリーで下関に着きました。到着すると、すぐに縫製工場スキールのK社長からパスポートと印鑑を取りあげられました。そして、社長の車で天草の工場に連れて行かれ、その日の夕方六時から夜の九時まで仕事をさせられました。私は、長時間の移動でとても疲れていたのですが、断ることはできませんでした。

私の仕事は、女性用下着の縫製です。スキールでの仕事は、本当にひどいものでした。来る前に中国でK社長から面接を受けたときには、働くのは午前八時半から午後五時半までと聞いていたのですが、実際には夜一〇時頃まで、遅いときには午前三時まで働かされました。厳しいノルマが終わらないと、残業代も出ませんでした。社長がこわい顔で、テーブルを叩きながら、「ノルマは多くない」「バカ」などと怒鳴るので、仕事をやめることはできませんでした。

訴える谷美娟さん、後に刘君さん。

休みは、月に一回くらいで、決まった日というわけではありませんでした。休みの日だからといって、自由に外出することもできませんでした。

これほど休みなく長時間働いても、給料は月に六万円くらいしかもらっていません。残業代は時給三〇〇円しか出ません。社長には

「バカだから給料が安い」などとよく言われました。

給料は、銀行の通帳に入るようになっていて、貯金をさせられていました。この通帳は、来日してすぐ、K社長に銀行に連れて行かれて作らされたもので、私の印鑑と一緒に社長がずっと管理していました。そして、社長は、この通帳と印鑑を使って、私の給料を使い込んでいたのです。多いときには二五万円も使われました。

私たちの寮は、一部屋に一二人でした。仕事から寮にもどると、次の日の昼食を作らないといけませんでした。お風呂も一人用で、一二人で交代で入っていました。私たちは、ゆっくり眠ることもできず、仕事の疲れがたまって、とても辛かったです。

去年（二〇〇七年）の八月には、実習生の三人が倒れました。

耳から縫製作業の機械の音が離れないで、眠れなくなった人もいました。

寮を逃げだす人もいました。私も逃げ出したかったのですが、中国の派遣会社に支払うためにした借金を返せなくなるので、逃げることはできませんでした。大きな借金をかかえたまま中国に帰されるのが一番恐ろしいのです。

協同組合の人や理事長からは、

「仕事をしたくないなら、中国に帰ってください」

「あなたたちが帰っても、すぐ別の中国人が来る」

「あなたたちの要求が、日本人と同じなら、中国人を使う必要なかったじゃない」

などと言われ、とてもショックを受けました。私たちは、日本人よりも安い給料で、長い時間働かせるために、中国から雇われたのです。会社や協同組合は、私たちの尊厳を踏みにじっています。絶対に許せません。

私たちが労働組合に入ってからの交渉でも、協同組合は少しのお金を示すだけで、帰国しろと言うばかりでした。

ＪＩＴＣＯや福岡の入管に、協同組合を指導してくれるよう、お願いにも行きましたが、何もしてくれませんでした。

私たちは、もう、裁判所に訴えるしかありませんでした。とてもひどい目にあいながらも、一生懸命働いてきました。その分の給料は絶対に払ってもらわないといけませんし、私たちを苦しめたことのつぐないもしてもらわないといけません。

私たちは、希望をもって日本に来たのに、こんなに辛い目にあわせられるとは思ってもいませんでした。私は、私たちを三年間、奴隷のように働かせてきたこの制度は、すぐにやめてほしいと思います。そして、人間としての尊厳がきちんと守られ、ふつうに働いてふつうにお金をかせげる制度に作りなおしてほしいと思います。私たちは、いま、やさしい日本の人たちに支えられて生活しています。そんな日本の人たちといっしょに楽しく仕事ができる日が、一日も早く来ることを、心から望んでいます。

阿蘇の農業技能実習生訴訟［事件報告］

村上　雅人（弁護士・中国人農業技能実習生訴訟労働弁護団事務局長）

熊本では二つ外国人技能実習生の訴訟をやっています。先の天草の縫製技能実習生訴訟に加えて、この阿蘇の農業技能実習生訴訟を、二〇〇八年四月に熊本地方裁判所に起こしました。熊本の二つの事件の特徴は、事件発覚後、技能実習生本人を保護することに成功し、本人たちとともに現在裁判闘争を闘っている点にあります。実習の更新期限が過ぎている中で、彼女たちが「実習継続」を希望していますが、従来の入国管理局の対応では、実習先が見つからないということで、彼女たちには全く責任がないにもかかわらず、中国に帰国しなければならない状況にあります。しかし、二〇〇八年三月二五日の閣議決定を受け、入国管理局がどのような判断を下すのかも大きな焦点となっています。

二つの事件とも、弁護団はほぼ同じメンバーでやっておりますが、毎回すべての期日で、熊本地裁の前で門前集会をし、法廷は一番大きい法廷を埋めて、被告の責任を毎回毎回問うていく、意見陳述もちゃんとやるというような方針ですすめております。

こちらの訴訟では、阿蘇の農家に派遣されている女性三人が原告となっています。第一次受入れ機関として熊本県国際農業交流協会、第二次受入れ機関である農家二名、この外国人研修・技能実習制度を全国的に管理する責任を持っているＪＩＴＣＯが被告になっております。これらの原告の女性たちは、トマト栽培をやるということを聞かされて日本にやってきました。ご多分にもれず、保証金を支払い、家を担保に入れて、日本にやって来ているわけです。

農業ですので、農繁期と農閑期があります。したがって、都合よく使われてしまうんですね。忙しい時は、日曜日もなくずっと働かされる。忙しくないときは、「あっちの農家に行きなさい。こっちの農家に行きなさい」というふうに――これは二重派遣といわれる不正行為なんですけれど――、研修生・技能実習生を農家の間で貸し借りをしているわけです。それから、残業も当然させられている。休日は日曜だけですので、法定労働時間を超えた働かされ方をしています。

また、彼女たちは日本でトマト栽培をするという話だったのに、農家に来てみると、トマト以外にイチゴ栽培だの鶏肉加工だのもさせられています。これなど、研修が目的じゃなくて、労働力として都合よく使おうという目的のあらわれですよね。鶏肉を切る仕事をやったこともないのにさせられて、うまくできないからといって怒られる。そういう実態だったのです。

村上雅人弁護士

それで、先ほど研修生の労働者性が問題になっているという話がありましたけれども、研修生は労働者ではないと一般的には言われていて、最低賃金を大きく下回る研修手当というものが支給されるだけで、現実は労働をさせられているわけです。それから、研修生は研修をやっているという建前ですから、残業はできないというふうになっておりますが、それでも残業代というものが、一年目三五〇円（時給）、二年目四〇〇円、三年目四五〇円と決められて、現実にそのように支払われているわけです。

労働法を守らなくていい研修生を外国から入れて都合よく働かせるというような認識ですすめられている制度なんで、かなりぞんざいに扱われているんですね。それで、体調を崩したり、精神的に不安定になったりしているんですが、それでも「残業をしても働け」「替わりはいくらでもいる」「いやなら中国に帰れ」ということで、どんどんどん追い詰められていくわけです。

そのように、物のように扱われながら二年を過ごして、もう、耐えられないということで、農家に派遣している熊本県国際農業交流協会に、なんとかしてくれと何度か言ったんですが、協会は、「農家は違法はやっていないので、その農家の方で働くなりしてくれ」「いやなら中国に帰れ」ということで、結局、協会が味方にはなってくれないということがはっきりしましたので、彼女たちは、ローカルユニオン熊本という個人加盟の労働組合に入って、団体交渉をし、それが決裂をして二〇〇八年四月に訴訟に至っております。

請求の方は、最低賃金で計算した未払い賃金と同時にひどい扱いをされたことに対する慰謝料。それから、本来ならば来日して、研修一年間、技能実習二年間ということで、三年間日本にいて働くことができたはずのところを、中断させられているわけですから、三年目までの逸失利益と

阿蘇の農業技能実習生が熊本地裁に提訴（2008年4月9日）

いうことで請求を立てています。

被告の方ですが、農家の代理人からはこんなひどいことはやっていないと、国際農業交流協会の代理人からはそういう話は聞いていないと、ＪＩＴＣＯの方からは自分たちにはなんの監督権限もありません、というような、木で鼻をくくったような答弁書が出ているだけです。

まだ第一回で、そのあと裁判所が夏休みに入り、次回期日が九月ということになっております。ただ、その間にまったく何もしないということではありませんので、こちらからもどんどん書面も出しますし、先方に対して、ちゃんとやっていると主張するのであれば、どのように具体的にやっていたのかを明らかにしなさいということで、そういう書面の提出も求めます。

こちらの農業の事件では、きっちりとタイムカードで管理されていたわけではないという部分もあり、労働基準法上でも、労働時間法制の適用除外になっていたりもするので、その辺は特別な論点もあるかとは思っていますが、労働実態からは、まぎれもなく毎日決められた時間、残業という位置づけで労働をしている。この事実から、労働者であることは明らかですので、実態が明らかになれば、当然こちらが要求する請求は認められるものと思っています。

阿蘇の農業技能実習生訴訟［農業技能実習生の訴え］

夏　暁明（シャ・ショミォン）

私は、中国山東省で生まれた夏暁明といいます。今二二歳です。私が一九歳だった二〇〇五年一月に、中国の青島九同国際経貿有限公司（ＪＴＩ）という派遣会社に登録しました。その時の登録料は五万元で、日本円にしたら八〇万円くらいです。このお金は、私の父親が、親戚や銀行から借金して作ってくれたものです。登録に必要なのは、それだけでなく、父親と伯父と母方の叔父に保証人になってもらい、自宅を担保にいれなければなりませんでした。

二〇〇六年四月、日本に来て、五月からＩさんのところ（大矢野原農場）で、トマト摘みの仕事をしました。気温が摂氏四八度にもなるビニールハウスの中で一日中作業をしなければならず、七月から九月までの忙しいときは、毎日、午前八時から午後六時まで働き、休日も月に一～二回くらいしかありませんでした。

十一月になって、トマトの仕事が暇になると、Iさんから食肉加工場に派遣されて、精肉、調理加工などの食肉関係の仕事をさせられました。二〇〇七年一月からは、別の農家に派遣されて、イチゴ摘みの作業をさせられました。この時は、休みは日曜日だけで、朝八時から夜七時まで働かされました。残業もたくさんありました。

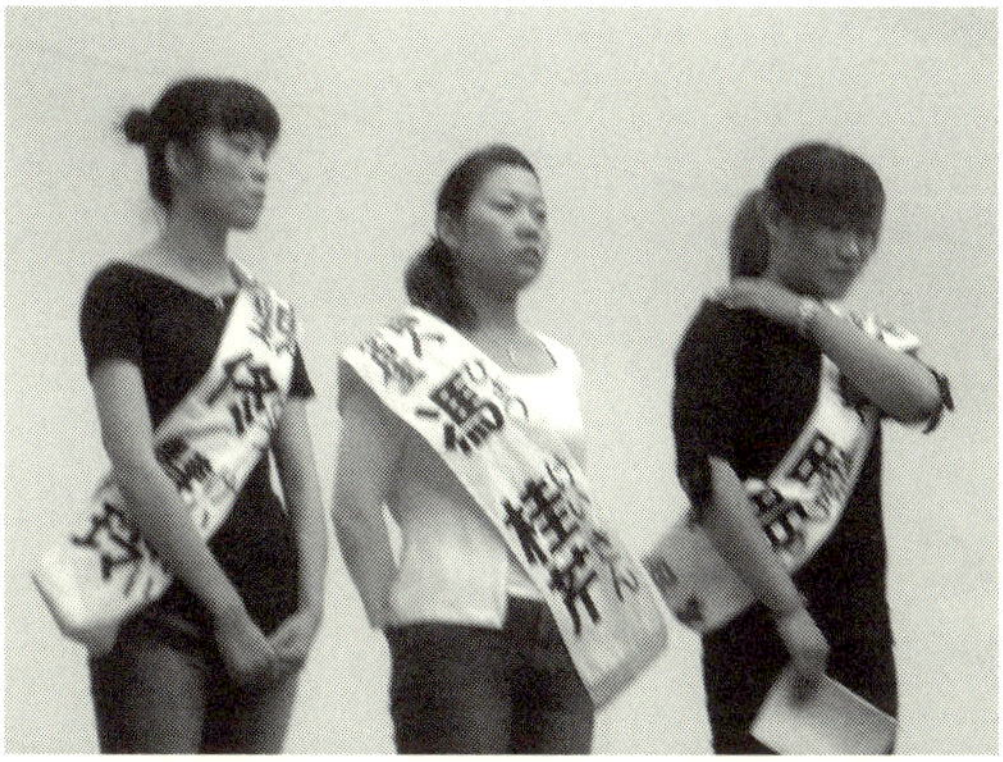
訴えに立つ夏暁明さん、馮桂芹さん、佟慧玲さん（右から）。

Iさんが別の農家の人に「私の研修生なので使ってやってください」と言っているのを聞いて、まるで私が道具のように扱われているようで、とても悲しかったです。

二〇〇七年四月からは、またIさんのところで稲作とトマト作業の両方をさせられ、ほとんど休みもなく一日中仕事をさせられました。体調が悪くて残業をしたくないときがあっても、「一日八時間では足りない、今からは必ず一時間は残業しなければならない」と仕事をさせられました。

夏場には、熱中症で倒れたこともありましたが、病院にすら連れていってもらえませんでした。毎日の仕事にへとへとになりながら仕事をしていると、Ｉさんは、「やる気がないならまとめて中国に返す」とか「残業したくなければ、ほかにする人がいっぱいいる」などと言って、私達を脅していました。

このように道具のようにしてずっと働かされてきましたが、一年目は、月給六万七〇〇〇円、残業代は、一年目は時給三五〇円、二年目も時給四〇〇円しかありませんでした。残業代があまりにも少ないので、Ｉさんに尋ねましたが、全く取り合ってもらえず、労働基準局に相談をしました。すると、労働基準局からＩさんに問い合わせがあったようで、Ｉさんが、私達の寮にきて、誰かに大声で電話していました。「誰がそんなことを言った。電話したやつは殺されるぞ」とか言っているのが聞こえました。また、「あなたたち、ＪＴＩの社長はどんな人か知っているか。彼はヤクザだ。中国は、金さえあれば何でもできる社会だ。だからあなた達を心配していますよ。あなた達、国に帰ったら殺されるかもしれませんよ」と言って、私達を脅しました。私達はとても怖くて眠れず、ノイローゼになりそうでした。

こんなひどい環境で仕事をさせられていたので、熊本県国際農業交流協会に相談したら、協会が新しい受入れ先農家に代えてくれるよう言ってくれました。手続きに時間がかかるとのことでしたので、一旦中国に帰国して生活していました。

しかし協会は、「Iさんのやり方は違法ではないので、Iさんが改善したら、またIさんのところに戻るか」と私に聞いてきました。協会がIさんのやり方を違法でないと言っているのに驚き、憤りを感じました。Iさんのところに戻ったら何をされるかわからず怖かったので、これを断りました。

私たちは、協会が私達を見捨てて、新しい受入れ先を探していないんじゃないかと不審に思い、ローカルユニオン熊本に加入して、三回団体交渉を続けてきましたが、協会もIさんも、「被害はない」というばかりで、私達の苦しみを全く理解しようとしてくれません。それどころか、「あなたたちが事を荒立てなければ、新しい受入れ先もあったのに」と私たちが悪いように言いました。今は仕事もできず、とてもつらいです。だけど、同じように苦しんでいる仲間達のためにも頑張りたいと思っています。

最後に、私たちは本当は、実習生ということではなく、普通に日本で、日本の人たちといっしょに仕事ができたらと思っています。しかし、今は三年間がまんをしながら、一生懸命に働くしかありません。この間、支援をしてくれた人たちのおかげで、熊本のいろいろないいところも見ることができました。一生懸命仕事をして、仕事が終わったら、日本の友達もつくり、いっしょに遊べたら、どんなに楽しいだろうと思ってしまいます。私たちが、裁判に立ち上がったことで、日本の人たちにそんな思いをわかっていただけたらと思っています。

表　熊本の二つの中国人技能実習生訴訟

		天草の縫製技能実習生訴訟	阿蘇の農業実習生訴訟
事件の発端と保護の状況		・2007年9月、先輩5名が、天草の中華料理店に助けを求めたことから発覚し熊本県労連に相談。最終的に6名がローカルユニオン熊本に加入。先輩と来たばかりの研修生8名が若干の金を渡され強制帰国。 ・相談を受けた中国人女性が実習生に携帯電話を与え、6名との連絡体制を確保。 ・天草から阿蘇郡小国町の協同組合に移された状況の中で、夜に連絡を取り合い、近くのスーパーで落ち合い、身柄を保護。協同組合に対し、解決を労働組合に委任することと寮を出ることを伝える文書を提出して熊本市内のアパートに保護。	・一次受入れ機関の事務員の関係者の相談から発覚。 ・春節で中国に帰省していた中、熊本にもどった時点で事務員が身柄保護。 ・ローカルユニオンに加入して問題解決をする方向性を確認すると同時に、熊本市内のアパートを確保し保護。
裁判の当事者	原告の実習生	刘 君（リュウ・チュイン） 谷 美娟（グ・メイチェエン） 杜 甜甜（トゥ・ティエンティエン） 时 偉平（帰国中）	夏 暁明（シャ・ショミォン） 馮 桂芹（フォン・クィチン） 佟 慧玲（トン・ホィリュン）
	被告の会社・機関	・（有）スキール ・レクサスライク ・プラスパアパレル協同組合 ・ＪＩＴＣＯ	・岩下農場 ・有限会社大矢野原農場 ・（社）熊本県国際農業交流協会 ・JITCO
在留資格の延長	入国更新期限	・2008年4月22日（刘・谷） ・2008年7月12日（杜）	2008年4月19日（3名とも）
	更新申請	JITCOに実習継続を依頼中	2名は受入先確保

		天草の縫製技能実習生訴訟	阿蘇の農業実習生訴訟
労働条件と実態	賃金	・研修生　月 60,000 円 ・実習生　月 65,000 円	・研修生　月 67,000 円 ・実習生　月 79,000 円
	残業時給[1]	研修生　300 円 実習生　300 円	研修　350 円 実習 1 年目　400 円 実習 2 年目　450 円
	労働時間（定時）	朝 8 時半〜 17 時	朝 8 時〜 1 7 時
	残業時間	通常 22 時まで、ひどい時は明け方の 3 時まで強制	連日 1 〜 3 時間
	休日	月に 0 〜 3 日程度	月に 0 〜 4 日程度
	中国での保障金・手数料[2]	4 万元（実習完了で 1 万元返金、中途帰国の場合は返金額が増えるしくみ）	5 万元（バックなし）
人権状況	給与支給	・強制貯金 ・通帳の管理は社長。月に 1 回昼休みにのみ閲覧許可。貯金は社長が下ろして渡す ・社長による使込みの発覚 ・会社倒産後精算して通帳は焼却	現金支給
	パスポート	取り上げ（署名なし）	署名後取り上げ
	住環境	14 人が 2 部屋で、風呂・シャワーは 1 人用を交替で使用	一戸建ての宿舎で住環境については問題なし
	人権侵害行為	・劣悪な住環境 ・病気になっても病院に連れていかない ・「バカ」などの暴言は日常茶飯事 ・外出の制限 ・外出時の社長の監視 ・協同組合による「帰国強制」の脅し	・二重派遣による物扱い ・言葉による猛烈な脅迫 ・従属的優位関係の維持 ・熱中症になっても病院に連れていかない
	その他の違法行為		二重派遣（トマトの研修であるにもかかわらず、食肉加工とイチゴ農家に派遣）

1）　熊本県の最低賃金── 2006 年 10 月〜時給 612 円／ 2007 年 10 月〜時給 620 円。
2）　1 万元＝約 16 万円。中国の平均年収＝約 1.5 万元（24 万円）。

	天草の縫製技能実習生訴訟	阿蘇の農業実習生訴訟
裁判の状況	〈2007年〉 ・12月6日　提訴（仮処分も） 〈2008年〉 ・1月23日　仮処分第1回審尋 ・2月8日　第1回口頭弁論 ・2月28日　仮処分第2回審尋 ・3月14日　第2回口頭弁論 ・4月8日　仮処分第3回審尋 ・5月9日　第3回口頭弁論 仮処分第4回審尋 ・6月24日　仮処分第5回審尋 一仮処分結審 ・7月18日　第4回口頭弁論 ・8月8日　仮処分不当決定 一研修生の労働者性を判断せず ・8月18日　仮処分高裁抗告 ・9月19日　第5回口頭弁論 ・11月7日　第6回口頭弁論 〈2009年〉 ・1月16日　第7回口頭弁論 刘君・谷美娟　本人尋問 ・2月27日　第8回口頭弁論 杜甜甜　本人尋問	〈2008年〉 ・3月6日の第1回団体交渉後、3回交渉。4月7日の第4回団体交渉で決裂。 ・4月9日　提訴 ・6月13日　第1回口頭弁論 ・9月19日　第2回口頭弁論 ・9月28日　第3回口頭弁論 〈2009年〉 ・2月13日　第4回口頭弁論

II 【講演】外国人研修・技能実習制度は現代の奴隷制度

安田　浩一（ジャーナリスト・『外国人研修生殺人事件』著者）

●外国人研修・技能実習制度とは

最初から、結論じみたことを申しますと、外国人研修・技能実習制度とは、「管理された安価な外国人労働力の活用」以外のなにものでもないというのが、私の持論です。しかも、「短期的なローテーション労働政策」です。これは、使用者にとっては非常に使い勝手のよいものなのです。制度の建前としては、いまお話がありましたように、国際貢献・人材交流、あるいは技術移転、そうした文言が並べられているわけです。しかし、実態は労働法に無自覚な経営者、脱法行為をなんとも思わない経営者、あるいは研修制度を金儲けの手段としているブローカーや送り出し・受入れ機関、そのような者によって大きく歪められているのが実態ではないかと、私は考えております。

それで、いまようやく制度の改定や見直しが進められていますが、それで、現代の奴隷制度に等しいこの研修・技能実習制度が大きく改善されるかというと、私は大きな疑問を持たざるを得ません。

そもそもわれわれメディアが報じる「研修生残酷物語」のようなものは、氷山の一角に過ぎないのではないかと思っています。実際、数多くの残酷物語が存在する。しかし、それがなかなか表に出ることはない。多くの研修生・実習生は、不当な扱いを受けても、声をあげることができないのです。ではなぜ、声を上げることができないのか。

研修生として渡日するためには、多額のカネが必要となります。渡航費、事前研修費、手数料、そして保証金。様々な名目で、送り出し機関から「必要経費」の支払いを要求されます。さらに家の権利書を提出しなければならない場合も多い。当然、研修生となることを希望する者は、借金してこれら経費を捻出しなければなりません。借金しなくとも経費を支払うことのできる環境にある人は、そもそも研修生に応募などしません。そして「借金の返済」といった重荷を背負い、彼ら彼女らは日本にやって来るのです。また、送り出し機関に預けた保証金は、帰国するまでは返してもらえません。日本でなにかトラブルを起こしたりすれば、保証金は没収されます。

これらは、いわば身代金のようなものです。日本で働いている間、その束縛から逃れることができない。たとえば低賃金や劣悪な労働環境に異議申し立てや抗議をすれば、即刻、強制帰国という「罰」が待っています。研修・実習を満了することなく帰国すれば、ほとんどの場合、保証金は返ってきません。もちろんカネを貯める前に帰国させられれば、借金の返済すらできないことも多い。

だからこそ、いま現在も十八万人という研修生・実習生の多くが日本で沈黙を余儀なくされているわけです。では、これをどうしたらいいのかという問題につきましては、のちほどのシンポジウムで議論されることになると思います。

●岐阜県の縫製工場のケース

いまから、研修制度の問題点をいつくかの事例に沿って、報告させていただきます。

まずは岐阜県の縫製工場のケースです。私は、この縫製工場で働く中国人の研修生・実習生を取材したことで、研修制度に深く関わるようになりました。研修生・実習生が生活をしている寮は、縫製工場の敷地内に建てられていて、木造平屋建て。築数十年といった家屋です（写真1）。老朽化してボロボロなんですね。ここには、冷暖房はいっさいありません。そうした寮の中で、八人の研修生・実習生が共同生活をしていました。

縫製工場の中で、研修生・実習生は朝から晩までミシン踏みをしているわけです（写真2）。彼女たちは朝の六時に起床します。始業は七時です。仕事が終わるのは、通常、夜の十時。そのあとにも内職と称する残業を強いられたりするので、実際に彼女たちが夕食にありつけるのは、深夜の一時だったり二時だったりするわけです。一日一四時間、一五時間、一六時間という労働を毎日強いられ、休日は月に一回。そういう働かされ方をしていたわけです。当然、ここで働く研修生・実習生たちは、このままでは体が壊れてしまう、あるいは、精神的にもおかしくなってし

写真１　研修生・実習生の寮

写真２　縫製工場の中

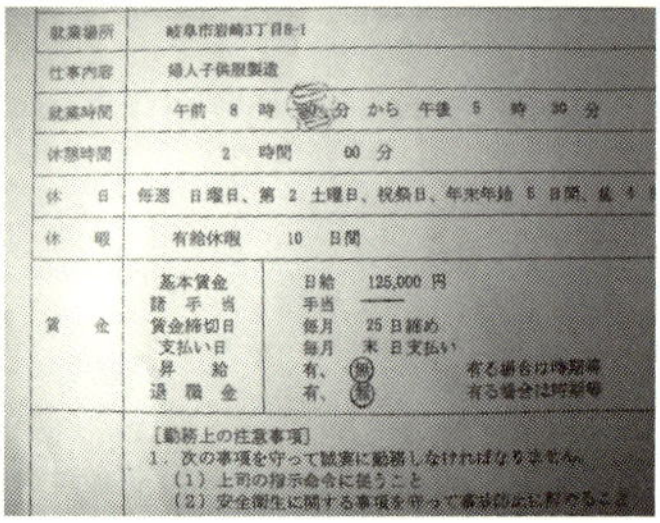

就業場所	岐阜市岩崎3丁目8-1	
仕事内容	婦人子供服製造	
就業時間	午前 8 時 分 から 午後 5 時 30 分	
休憩時間	2 時間 00 分	
休日	毎週 日曜日、第 2 土曜日、祝祭日、年末年始 5 日間、	
休暇	有給休暇 10 日間	
賃金	基本賃金	日給 125,000 円
	諸手当	手当 ——
	賃金締切日	毎月 25 日締め
	支払い日	毎月 末 日支払い
	昇給	有、無 有る場合は時期等
	退職金	有、無 有る場合は時期等
	[勤務上の注意事項] 1．次の事項を守って誠実に勤務しなければなりません。 （1）上司の指示命令に従うこと （2）安全衛生に関する事項を守って	

写真３　提出された労働条件

写真４　暖房もない部屋で

まうという危機感を持ちました。悩んだ末、彼女たちは労働組合に駆け込んだのです。それでようやく、彼女たちの常軌を逸した労働実態が明らかになりました。

職安やＪＩＴＣＯに提出したこの縫製工場の労働条件は、月給一二万五千円。しかも有給休暇があって、休日は毎週日曜日と第二土曜日、休憩時間が毎日二時間。そういったことが書かれているわけですけれど、これはまったくのデタラメでした（写真3）。実際に彼女らがもらっていた給料は、基本給が五万円。そのうち三万五千円が強制貯金。残りの一万五千円が研修生・実習生に支給されます。しかも残業代は、一年目の研修生の時には、時給二五〇円。二年目が三〇〇円で、三年目に三五〇円に昇格するという、驚くべき低賃金でした。

それで彼女たちは日ごろから、会社になんとかしてほしい、給料が安すぎるのではないかということを訴えてきたわけなのですが、経営者は、まったく聞く耳を持たなかった。しかも、こうした労働条件をいっさい広言してはならないと厳命していたのです。これはぎりぎりの範囲で渡せる金額であって、もしこれを労働行政や労働組合に通報したら、君たちは即逮捕されると脅していた。ですから彼女たちは三年間ずっと告発できないでいたのです。しかし、帰国ギリギリになって勇気を振り絞って労働組合に相談したことで、この奴隷のような労働条件が明るみに出たということです。

寮の中は、暖房がないものですから、真冬になると食事の時も寝る時も、彼女たちはダウンジャケットを身につけて過ごすしかなかったのです（写真4）。しかも、冷たい隙間風が部屋の中に入り込むので、湯たんぽ代わりにペットボトルの中にお湯をつめて、それを抱きかかえて毎晩寝ていました。

●団体管理型という受入れ方式

岐阜というのは、研修制度にとっては非常に重要な土地柄でして、いわゆる繊維産業が基幹産業として位置づけられている地域なんです。町中を歩いていますと、繊維街がいっぱいあります（写真5）。一方で、バタバタ店が潰れているものですから、シャッターで閉められた店が目立つ。

つまり、不況業種なんですね。不況業種であるがゆえに、縫製業の経営者も生き残りを賭けて「劣悪労働」へ踏み切るようになる。ある縫製業者は、私にこのように言いました。「あなた方マスコミは研修生の人権とか人格とかいろいろなこと言うけど、われわれの人権はどうしてくれるんだ。私たちは、商売をたたむか、あるいは海外に工場を移転させるか、どちらかしかないという岐路に立たされた時に研修制度というものを紹介されて、そのおかげでなんとか生き延びることができた。外国人なしではやっていけないんだ。」

確かに縫製業者の置かれた状況は厳しい。海外から安い製品が入ってくる現状にあって、コスト削減は焦眉の課題でしょう。しかし、だからといって働く者の人権が無視されていいわけがな

写真５　岐阜市の繊維街

写真６　岐阜最大手の協同組合

写真７　華やかに式典

い。そのような理屈が通用するのであれば、奴隷制度だって正当化されてしまう。そんなことが許されるはずもありません。

ちなみに岐阜県の縫製業者は、複数の企業が集まって協同組合をつくり、そこが窓口となって中国からの研修生を受け入れています。これは団体管理型と呼ばれる研修生受入れ方式です。その協同組合の連合体として、岐阜県日中友好研修生受け入協同組合連合会という組織があります(写真6)。実は私はあまりお話ししたくないことなんですが、実はこの受け入協同組合連合会の会長というのは、元社会党の衆議院議員なんです。しかも、岐阜の連合系の労働組合の前委員長でもあるのです。つまり、労働運動の先頭に立ってきた人間が、いまや岐阜県における研修事業の元締めとなっているわけです。こうしたことは決して珍しくはありません。特に中国との太いパイプをもつ政治家、あるいは団体が、中国からの研修生を受入れ窓口となっているケースが非常に多いわけです。で、彼らが労働者の人権に敏感であるかというと、研修生・実習生については、まったく無自覚だったりする。このような現状はけっして無視できません。研修生を守るために労働組合が立ち上がったとき、それを阻もうとするのが、かつての労働運動の闘士だったという事例は、掃いて捨てるほどあります。

一昨年、大手の研修生受入れ機関として知られる、財団法人・日中技能者交流センターの創立二〇周年記念式典が東京都内で開催されました(写真7)。私も実際に取材をしたのですが、歌あり、踊りあり、さらに政財界関係者からは多くの祝辞も寄せられました。各地で研修生をめぐる悲惨な事件が相次いでいるときに、よくもまあ、こんなお祭り騒ぎができるものだと思いましたね。呆れました、本当に。

日本の研修制度というのは一九九〇年に大きく変わっていきます。つまり、団体管理型の導入です。それまでは、研修制度というのは、大企業が海外の現地法人で働く労働者を育成するために、企業が独自に研修生を受け入れていた（企業単独型）。ところが、九〇年から中小企業がいくつか複数集まって協同組合なり商工会などを組織し、そこを母体として研修生を受け入れるという制度ができたわけです。そうした団体管理型のさきがけとなったのが、この日中技能者交流センターなんです。ここで理事長を務めているのが槇枝《まきえだ》基文さん。元日教組の委員長、総評議長も務めました。この槇枝さんによって、わが国に、団体管理型の受入れ方式が定着したといっても過言ではない。

一九八四年に中華全国総工会（中国のナショナルセンター）の当時副代表だった羅幹《ロハン》さんが、労働者派遣を国家として行いたいので、日本側に受入れ組織をつくってほしいということを要請しました。ちなみに羅幹さんは天安門事件のときの民衆鎮圧の責任者になった方です。その羅幹さんの要請先がどこだったかというと、それが当時、労働界の大物であった槇枝さんだったわけです。槇枝さんは、当時中立労連にいた樫山利文さん、同盟の天地清次さん、それから総評副議長だった中川豊さん、あるいは当時の労働省総務審議官だった岩田照良さん、そうしたいわば労働界のオールスターを集めてこの日中技能者交流センターをつくるわけです。それで、わたしもいま取材していますが、この日中技能者交流センターが関係する研修生受入れ企業でも、多くの人権侵害が確認されています。ここに労働運動の闘士と呼ばれた方々が関わっているという点が、問題の根の深さを表しているといえます。

●外国人研修生殺人事件

崔紅義《ツイホンイー》さんという、中国の黒竜江省チチハル市出身の二六歳の中国人研修生が、殺人事件を起こして、現在、日本国内の刑務所で服役中です（写真8）。チチハル市の中心部はなかなか華やかな街ではあるのですが（写真9）、一歩奥に入ると、スラム街が広がります（写真10）。崔さんは、

写真８　崔紅義さん

写真９　チチハル市の繁華街

写真10　スラム街

この一角に住んでいました。非常に貧しい家庭で生まれ育ちました。少しでも金を稼いで、親や兄弟の生活を楽にしたい。それが、彼の夢でもありました。そこで、彼は研修生として日本へ出稼ぎに行くことにしたのです。

二〇〇六年四月、崔さんは、千葉県木更津市の養豚場に研修生として送られました。ご多分にもれず、労働条件は非常に悪かった。研修生はみなさんもご存じのように、残業は禁止されていますけれど、彼は毎日残業をやらされていた。しかも時給が四五〇円。そして、毎月の基本給は五万円でした。しかし、一度たりとも五万円をもらったことがない。毎月実際に支給されるのは、食費としての五千円のみです。彼は日本へ来るにあたって、中国側の送り出し機関に、手数料や保証金として一二〇万円もの大金を払っています。いわば、借金まみれになって日本に来ているわけです。ところが、どんなに働いても、少しも稼ぐことができない。給与のほとんどは強制的に貯金させられていたのですが、経営者は通帳を見せてもくれない。印鑑も取り上げられている。当然パスポートも取り上げられています。彼は焦ってくるんですね。果たしてこのままの状態で、借金以上の金を稼ぐことができるのか。だんだん不安にもなってくる。そこで、もっと稼ぐことのできる仕事場に研修先を変えてほしいと経営者に訴えるわけです。しかし、経営者は研修制度で来ている人間が、職場を変えるなどもってのほか、と撥ねつけてしまう。そのうえ崔さんは、そうした訴えをしたばかりに、経営者からにらまれ、結果的に強制帰国という処分を下されてしまうわけです。彼は、来日してわずか四ヵ月で、中国に帰されてしまいそうになるんですね。

この年の八月、崔さんを強制帰国させるために、受入れ機関である千葉県農業協会の理事や指導員が養豚場を訪れます。そしてむりやり、相当に暴力的に崔さんを車の中に押し込め、成田空港に「連行」しようとしたわけです。もちろん崔さんは抵抗しました。このまま中国へ帰国してしまえば、なんのために借金したのかもわかりません。来日して四ヵ月という段階では、少しも稼げてはいないのです。彼は必死で抵抗しました。そして、「車に乗れ」「いやだ」ともみ合いをしているときに、ナイフで受入れ機関の理事を刺してしまったのです。不幸にも理事は亡くなってしまいました。崔さんは殺人の罪で逮捕されたのです。

ちなみに出国時に必要な一二〇万円というお金は、どうやってつくったかというと、当然、全額が借金なのですが、まず、家を担保にして金融機関から金を借りました。さらに両親はそれまで持っていた農場・畑をすべて売り払い、さらに親戚、縁者、友人からも金をかき集め、なんとか一二〇万円を工面したのです（写真11）。来日してわずか四ヵ月では、もちろん、貯金などできていません。この崔さん、帰国してから一二〇万円を返済しなければならないんです。しかも、家を担保にしていますから、借金の返済ができなければ自宅を取り上げられてしまいます。そうした状況の中で殺人を犯してしまった。殺人の正当性を訴えるつもりはないけれども、多くの研修生は、そうした状況下に置かれて日本に来ているということを、ご理解いただければと思います。

みなさんもご存じと思いますけれども、研修生は、中国の送り出し機関に手数料や保証金を払って日本に来ています。ところで、崔君が一二〇万円を払った先は、中国・チチハル市郊外にある

「研修センター」です（写真12）。実は、「研修センター」を運営していたのは、崔さんに殺された日本の受入れ機関の理事でした。複雑な話ではあるのですが、この理事が自ら出資して、中国に「研修センター」を設立していたのです。つまり、金の入口と出口が一緒なのです。受入れ機関である千葉県農業協会、この理事が、個人の資格で中国の現地に「研修センター」をつくり、そこで研修生に応募してきた者から金を集めて日本に送り出す。さらに日本においては受入れ先の農家から管理費や研修費などの金を集める。つまり、研修生と農家の双方から金を集める。実に美味しいビジネスです。受入れ団体の理事は、送り出しと受け入れの両方に関わっていたことになります。

ところが書類上の送り出し機関は、ハルピン市の「黒竜江省糧油公司」という会社になっています（写真13）。この会社はかつての国営企業で、古くから地域の農産物などを海外に輸出する商社として、地域では知られた存在でした。崔さんは書類の上では、この会社から日本へ送り出されたことになっているのです。私も当初は書類を疑いませんでした。しかし取材を進めていくなかで、「黒竜江省糧油公司」は単に名義を貸しているだけで、実際の送り出し業務は、前述した「研修センター」がおこなっていることを突き止めたわけです。送り出し機関として中国で登録するには、それなりの実績をもったところでなければなりません。わかりやすく言えば、この「黒竜江省糧油公司」の名前を利用して、「研修センター」は送り出し業務をしていました。ですから「黒竜江省糧油公司」は、崔さんから直接、金を受け取っていません。金はあくまでも日本人理事が

写真 12　研修センター

写真 11　崔さんの家族

写真 14　黒竜江省商務庁

写真 13　黒竜江省糧油公司

写真 15　お墓参りする崔さんの両親

運営する「研修センター」へ払い込まれています。関係者によると、「黒竜江省糧油公司」の担当者は、「研修センター」が一人、日本へ送り出すごとに日本円で五千円のキックバックを受けていたそうです。名義貸しの手数料みたいなものです。

ちなみに送り出し機関や、その業務について、管理監督をしているのが、各省にある商務庁という役所です（写真14）。きちんと制度が運営されているか、商務庁は責任をもって管理しなければなりません。しかし黒龍江省の商務庁は、その義務を放棄していた。「黒竜江省糧油公司」の名義貸しを、長きにわたり放置してきたのです。これも関係者の証言ですが、商務庁の担当者は殺された理事らから、賄賂をもらっていたという話もあります。私は商務庁の役人に直接取材を申し込みましたが、「答える必要などない。帰れ！」と、えらい剣幕で怒鳴られました。

昨年、崔さんのご両親が日本にいらっしゃいました。亡くなった理事のお墓の前で、「許して下さい。本当に申し訳ない」と、何度も頭を下げられました（写真15）。私としては非常に複雑な思いに駆られました。理事が亡くなったことは非常に気の毒だと思います。殺すことには何の正当性もありません。ただ、この理事が力ずくで崔さんを強制帰国させようとなどしなければ、悲惨な事件は起きなかった。強制帰国というのは一種の拉致監禁です。さらに送り出しに関わることで研修生から多額の金を受け取り、また、日本の受け入れ農家からも管理費を徴収しているのです。後に判明したことですが、研修生の渡航費（航空運賃）や事前研修費（日本語講習）といった必要経費も、研修生と受入れ農家の両方から、同じ名目で徴収していたのです。つまり、二重取りです。そのうえ亡くなった理事と、その理事の片腕といわれた中国人女性の通訳が、集めた金を山分けしていた。理事は千葉県内で飲食店を経営し、片腕とよばれた通訳の女性は上海にマンションを持ち、スーパーマーケットを経営していました。

この件に関して言えば、研修制度とは、完全にビジネスとして、いや、金儲けの手段として利用されていたことになります。しかも、これは必ずしも特殊な事例ではありません。私はこれまで多くの研修現場を取材してきましたが、そこに必ずといってよいほど「利権」の存在がありました。そして、欠落していたのが「人権」です。中国側の送り出し機関も、日本の受入れ機関も、金儲けのために研修制度を利用しているだけですから、研修生の人権などまったく考えない。もちろん、国際貢献、人材交流といった建前すら、頭の中にはないでしょう。研修生は金儲けの道具にされています。

なお、崔さんは一審で懲役一七年の判決を下され、それを受け入れました。罪は償わねばなりません。しかし、金儲けの道具にされ、使い捨てされそうになった崔さんの事情を、どこまで考えた末の判決であったのか。私には疑問です。私や支援者は判決直後、崔さんに何度も控訴を勧めましたが、「罪の軽減を求めて争いたくはない。殺したという事実は消えない」と、彼は上告を拒みました。実は、彼は事件を起こした直後、あるいは拘置所に収監されているときに、何度も自殺を図っています。彼には絶望しか残されていないのです。家の生活を少しでも楽にしたい、親孝行したいと望んで日本に来た崔さんに、研修制度が与えたものは絶望だけだった。本当にやりきれない思いがします。

●報復に出る中国の送り出し機関

山東省は縫製業が盛んな土地なので、数多くの研修生を日本の縫製会社に送り出しています。そうしたことから、私も何回か取材で訪ねています。この山東省の煙台という街で起きた小さな騒動について、少しばかりお話させてください（写真16）。

この煙台に「煙台国際経済技術合作有限責任公司」（以下、煙台公司）という送り出し機関があります。毎年、百人近くの地元女性を日本に送り出しています。

ある日、日本で研修・実習を終えて中国に帰国した女性たちが、煙台公司に抗議するため集まってきた（写真17）。なぜ、送り出し機関に抗議しているのか。彼女たちは日本にいる間、毎月、三万円という管理費を、給料の中から送り出し機関に徴収されていました。管理費というのは、いわば関係機関への手数料です。そもそも、こんなものが必要なのかどうか、私には理解できないのですが、いずれにせよ本来は受入れ企業が、第一次の受入れ機関に支払うべき性格のものです。もしも送り出し機関にも支払うといった約束事があったにせよ、間違っても研修生・実習生が送り出し機関へ支払うべきものではありません。ところが彼女たちは毎月きっかり、管理費を取られていた。企業が払うべき管理費を全部彼女たちが肩代わりをしていたということになります。これは完璧に違反行為です。さすがにＪＩＴＣＯも、研修生・実習生から管理費を徴収する

写真 16　山東省煙台

写真 17　煙台公司に抗議

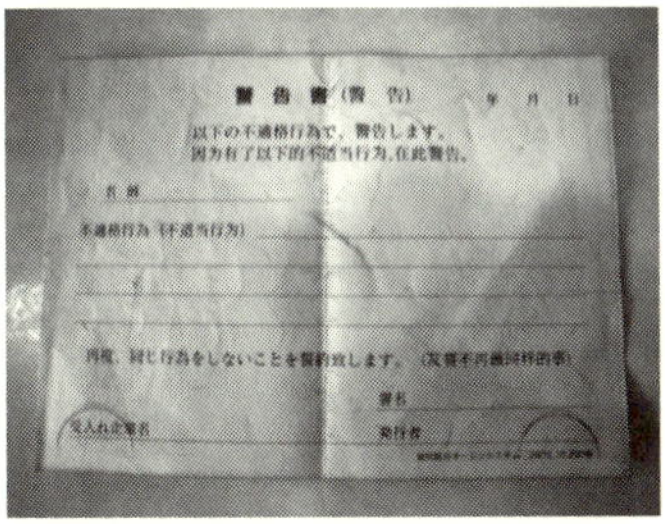

写真 18　「イエローカード」

写真 19　研修生だった山東省の女性

ことを禁じています。彼女たちも日本で働いている間、毎月三万円も徴収されることに疑問をもちました。そこで実習期間中、日本の労働組合や市民団体に相談した。そして、これが違反行為であることを知るわけです。彼女たちは労組などのアドバイスを受け入れ、管理費なるものをいっさい中国側に送金しないことを取り決めました。毎月三万円の支払いを一年間にわたって止めたんです。

ところが、実習期間を終えて帰国したら、送り出し機関の報復が待っていたんですね。彼女たちは日本へ来るにあたって一〇〇万円もの保証金をこの送り出し機関に預けていました。帰国したら返却させるはずの金です。しかし、煙台公司は、その金を返してくれない。毎月の管理費を支払わなかった罰として、保証金の返金を凍結したのです。そのうえで煙台公司は「本来、実習中に支払うべきであった管理費を、いまからまとめて支払うのであれば保証金を返す」といった条件を出してきました。もちろん、彼女たちは怒りました。当たり前です。そもそも管理費の徴収自体が不当なのですから。

私は、彼女たちが抗議に出かける際に同行取材しました。さらに煙台公司の担当者へ、なぜ日本では違反行為とされている送り出し機関への管理費の直接徴収をやっておきながら、保証金を奪い取るようなまねをするのかと尋ねました。すると担当者は苛立った表情で、私にこう告げたのです。「われわれの人権を無視するな。経営の自由を侵害するな」。つまり、労働者ではなく、送り出し機関の人権と、商いの自由を主張するわけです。もう、完全に、人権と自由の意味を履き違えています。愕然としましたね。中国はいつからこんな国になったのでしょう。労働者を守るべき社会主義国家としてあるまじき言葉だと私は思っているわけです。

しかし、こうしたことを口にするのは煙台公司だけではありませんでした。中国の送り出し機関を取材するたびに、「なぜ、研修生の人権ばかりを問題とするのか」「研修事業で利益をあげることのどこに問題があるのか」といった言葉を聞かされるはめになります。先にも触れましたが、日本の受入れ企業などもまったく同じようなことを口にするんですね。送り出す側も、受け入れる側も、人権には優先順位があると思いこんでいて、しかも研修生・実習生の人権を最下位に位置づけている点も同じです。

彼女たちが日本で働いていた企業の側の問題点にも触れてみたいと思います。この一枚の紙片、これは「イエローカード」と呼ばれるものです（写真18）。日本にいる間、受入れ企業はこの「イエローカード」をちらつかせながら、彼女たちに過酷な労働を強いていました。経営者は身勝手な就業規則をつくり、彼女たちがそれに違反したと判断すると、「イエローカード」を手渡します。サッカーのルール同様、「イエローカード」が三枚たまったら退場処分。つまり強制帰国です。しかし、この就業規則というのが、これまたメチャクチャな内容なんですね。携帯電話を持ってはいけない。無断で外出してはいけない。男女交際してはならない……まるで中学校の校則です。このような就業規則をつくった時点で、彼女たちをひとりの労働者として見ていない証拠となります。さらに、労働運動に参加してはならない、労働組合に加入してはならないといった規則まであります。もちろん、こうした就業規則は、日本の研修現場では珍しくありません。多くの研修生・実習生は、この就業規則によって行動を縛られています。違反すれば強制帰国の処分が待っているのですから、嫌々従うしかない。経営者は、日本人の従業員に対して、果たしてこのような規則を持ち出すでしょうか。ありえませんよね。外国人であるから、こうした馬鹿げた規則を強いてくるのです。外国人に対する差別的な感情がなければ、とてもこんなことはできません。こうした経営者が、国際貢献を目的とした研修制度に関与できること自体、間違っています。

もう一人、山東省に住んでいる元研修生の女性についてお話しします（写真19）。彼女は茨城県内の縫製工場にいたのですが、当初、残業の時給は二五〇円でした。あまりにも安いので抗議をしたところ、なんとか時給三〇〇円にまでしてもらった。とはいえ、それでも最賃を大幅に下回る水準です。そこで、彼女はある労働組合に駆け込みました。組合員となって待遇改善を求めることにしたのです。ところがある日の早朝、まだ布団の中で休んでいるとき、突然に会社の人間がドアを開けて部屋になだれこんできたのです。彼女は叩き起こされ、そのまま荷物と一緒に車の中に押し込められてしまった。そして成田空港に連れて行かれ、強制帰国させられました。なんでそんなことをされたかというと、要するに労働組合に加入したことが、就業規則違反だと判断されたわけです。不当労働行為というよりも、もう、やってることがメチャクチャなんですね。本人の意思を無視して身柄拘束できる権限など、企業の側にあるわけがない。

また、彼女は地元に帰っても、さらなる仕打ちが待っていました。やはり、出国時に送り出し機関へ預けた保証金が返還されなかったのです。約一〇〇万円の保証金です。この金が、「研修生としてあるまじき行為をした」との理由で没収されてしまった。労働組合に加入したことが、「あるまじき行為」なのだそうです。拉致監禁をはたらく日本の経営者、そして労組を毛嫌いする中国の送り出し機関。こうした連中によって、研修制度が支えられているわけです。つい最近も、栃木県のイチゴ農家で働いている実習生が、やはり早朝に、農家に雇われたガードマンの襲撃を受けて、無理やり成田空港に連れていかれるといった事件がありました。幸い、実習生から連絡を受けた労働組合のメンバーが空港に駆けつけ、ぎりぎりのところで実習生を奪還することができました。ちなみに、このときの実習生も、労組加入が原因で、経営者から睨まれていました。

労働運動に参加するのも命がけ。強制帰国というリスクを背負わなければならないのが現状です。

●職場を逃げ出したばかりに

羅成《ロチュオン》さんという、四川省の楽山という小さな町の出身の方が、二〇〇六年六月に日本で亡くなりました。いや、殺されたと表現したほうが正確かもしれません。羅成さんは岐阜県の建設会社で、足場の組み立てなどに従事する実習生でした（写真20）。賃金はご多分にもれず安かった。休日もない。そうした中で、やはりもっと稼ぎたかったんでしょうね。彼も百万円近い保証金を払って日本に来ている。三年間働いてもたいした貯金はできなかった。そこで、実習期間の終了直前に職場を離脱、つまり逃げたわけです。オーバーステイの身分で、他に職場を探そうとしたのです。逃げたこと自体を非難する人もいますが、逃げ出さなければならないほどの賃金しか支払ってこなかった日本側の責任も重いと、私は考えます。

岐阜の職場から逃げ出した羅成さんは、伝手を頼って栃木県までたどり着きました。生コンクリート製造の会社で働くために、彼は同県の西方町までやって来たのです。着いた当日、手持ちの金がそんなになかったものだから、生コン会社の近くにあったATMで、貯金を下ろそうとしました。ところがこのATMの裏に交番があって、その日勤務していた警察官が、羅成さんを「怪しい外国人」だと認識してしまったのです。田舎町ですから、ヨソから来た人間は目立つんですね。しかもATM機の前にいたものですから、余計に怪しんだのでしょう。外国人の少ない地方

写真 20　羅成さん

写真 21　逃げこんだ住宅地

写真 22　手にした石燈籠

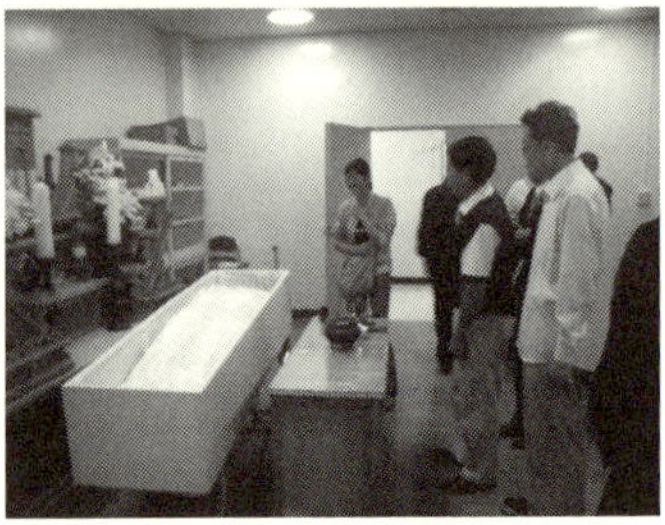

写真 23　遺体と対面する奥さん

都市では、外国人がこうした偏見の視線を浴びることは珍しくありません。羅成さんは自分の貯金を引き出そうとしただけなのに、いわゆる不良外国人だと思われてしまったのです。警察官はＡＴＭに駆けつけ、職務質問をします。

羅成さんは職務質問の途中で逃げ出しました。当然です。彼は実習先から逃げているわけですし、滞在資格もとっくに切れている。彼はまったく土地カンがないものですから、とにかく住宅地の中へ逃げ込むわけです（写真21）。羅成さんは必死だったはずです。ここで捕まったら入国管理局へ送り込まれ、強制送還です。彼はまだ、これから稼がねばならなかった。住宅地の中に逃げ込んだ羅成さんは、それでも警察官に追いつかれてしまった。民家の庭です。もはや羅成さんは退路がふさがれた状態。警察官はけん銃を手にしていました。相手が不良外国人だと判断した警察官は、いわば臨戦態勢に入ったのでしょう。あるいは、警察官もまた、怖かったのかもしれません。羅成さんは、わが身を守るために庭にあった竹の棒と石燈籠の頭の部分を手にしました（写真22）。そのまま互いににらみあった状態が続いたのですが、なにかのきっかけでもみあいになった。そして……。

羅成さんは射殺されてしまうのです。威嚇射撃はありませんでした。警察官は、たった一発の銃弾で、羅成さんを死に追いやったのです。五メートルの至近距離からの発砲でした。これは完璧に警察官の過剰防衛だと私は思っています。実際、羅成さんは超過滞在であったということ以外、何の犯罪も犯してはいませんし、ナイフなどの凶器も持っていなかった。なのに威嚇射撃もせずに射殺しているのですから、明らかに警察官の側に「行き過ぎ」があったのだと思います。結局、羅成さんは三年間働いても、たいした額の金を残すこともできず、さらに命まで落としてしまうことになった。射殺された羅成さんは一年間、栃木県内の大学病院の霊安室に放置され、そして昨年ようやくお金を貯めた奥さんが来日して遺体と対面し、骨を中国に持ち帰ることができました（写真23）。同時に、羅成さんの遺族は、この過剰防衛が許されないということで、栃木県警を相手に損害賠償を求める裁判を起こしました。羅成さんの奥さんは「夫は犯罪者ではない。射殺される理由がないのであれば、その責任の所在をはっきりさせたい」と述べました。

私は羅成さんがいったいどんな気持ちで、中国から日本に来たのかを調べるために、つい最近

写真24　楽山郊外の町

写真25　羅成さんの家族

写真26　羅成さんが整備した農道

写真27　手づくりの橋

も彼の生まれ育った四川省、楽山郊外の町へ行ってきました（写真24）。亡くなった羅成さんは、この小さな町で共産党の書記をしていました。地域の共産党書記というのは、地元のいわばまとめ役です。そんな人間がなぜ、研修生にならなければならなかったのか。地元共産党の書記は、まず基本的に無給なんです。政府から給与が払われることはありません。生活のためには当然、他になにか仕事をしなければならないわけです。ただし、書記という立場であるがゆえに、住民からは様々な要求が寄せられる。道路を整備して欲しい、橋をつくって欲しい、そうした要望を彼は党や政府に伝えるわけですが、もちろん、いまの中国において、それらの願いがすべてかなえられるわけもない。国の金は、遅れた農村部ではなく、都市部へ流れていくのです。ですから羅成さんは、仕事の合間をみては、自力で道路や橋をつくっていました（写真26）（写真27）。自ら働いて得た金でセメントを買って、整備したそうです。地方の共産党書記というのは、こんなことまでしなければならない。羅成さんは焦っていました。まだまだ、整備しなければならない道路も橋も、いっぱいある。しかし、自分の少ない収入だけでは、地域住民の要求に応えることができない。そこで、彼は住民の前で宣言するのです。「研修生として日本に渡り、金を稼いで帰ってくる。その金で道路をつくる。橋も架ける。三年間、待って欲しい」。そして羅成さんは日本へ旅立ち、帰らぬ人となりました。

羅成さんは、四川省・成都の送り出し機関に多額の手数料を支払って、日本に渡りました（写真28）。送り出し機関は、今回の事件に関してはきわめて冷淡な態度をとっています。つまり、殺された羅成さんに少しも同情的ではない。遺族が起こした裁判に協力することもありません。おそらく、厄介な事件を起こしやがって、くらいにしか思っていないのではないでしょうか。私はこの送り出し機関の担当者に取材を申し込みましたが、「帰れ！」と怒鳴られるだけでした。

北京にある中日研修生協力機構も日本のＪＩＴＣＯのような組織です（写真29）。中国側の送り出し機関の元締めといってもよいでしょう。私は羅成さんの事件について、どう思っているのかを聞きたかったのですが、担当者は「それがどうした？」といった態度なのです。日本の警察と同じです。職場から離脱したほうが悪いのであって、射殺されたことには「むしろ当然」といった表情を見せるのです。私はあえて挑発的な言葉を用いて担当者に質問しました。

「中国の送り出し機関の多くは、日本側の劣悪な労働環境に手を貸しているばかりか、手数料や管理費といった名目で研修生から多額の金をむしりとっている。社会主義国において、いつからこのような『搾取』が許されるようになったのか」。すると担当者は怒って、その場からいなくなってしまいました。本当に無責任な人たちによって、羅成さんは、いや、多くの中国の若者が、日本へ送り出されているのです。

私はいま、彼の遺族が起こした裁判を、ずっと取材しています。羅成さんの遺族が起こしたこの裁判の公判日になると、きまって裁判所（宇都宮地裁）へデモンストレーションに来る右翼の

写真 28　成都の送り出し機関

写真 29　中日研修生協力機構

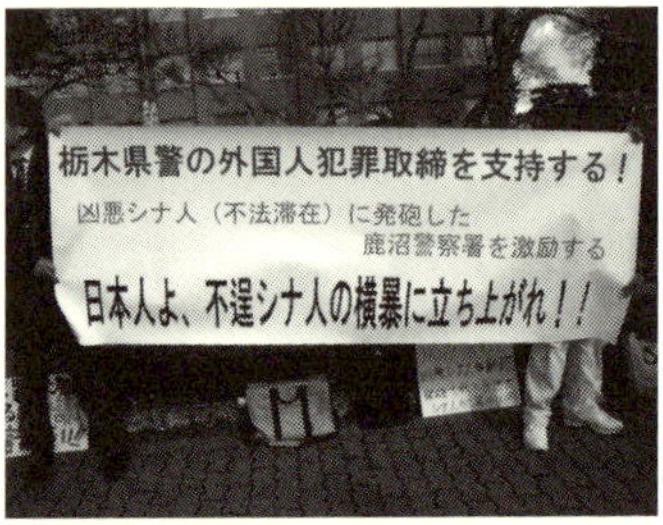

写真 30　宇都宮地裁前にて

人たちがいます。「日本人に対する挑戦だ」「凶悪シナ人を追放せよ」「凶悪シナ人は射殺されて当然だ」といったシュプレヒコールを繰り返します（写真30）。右翼といっても、ここに集まる人の多くは、いわゆるネット右翼の人たちですね。信念を持った民族主義者というよりも、とにかく外国人が嫌い、怖い、気に入らないといった人たちです。こうしたゼノフォビアの動きが、いま広がっていることにも、私は危機感を持っています。彼ら彼女らは、外国人が自分たちの仕事、雇用を奪う存在だと思い込んでいる。この人たちの存在は、直接、研修制度の在り方に関係するわけではありませんが、それでも今後、外国人労働者との「共生」を考える際には無視できるものではないと思います。

さて、裁判の結果については、いまの段階ではわかりません。公判はまだしばらく続きます。この裁判は、警察官の過剰防衛がひとつの争点ではありますが、もうひとつ、羅成さんがなぜ、実習生の立場を離脱せざるを得なかったのか、ということもテーマとなっています。研修生・実習生の逃亡事例は、けっして少なくありません。逃亡は確かに好ましいことではないかもしれない。しかし、なぜ、逃げ出さなければならないのか、その原因を突き詰めていけば、結局、あまりに理不尽な「働かせ方」と直面せざるを得なくなります。羅成さんもまた、地元の送り出し機関から「日本に行けば数百万円を稼ぐことができる」と吹き込まれています。いわば騙されて日本へ送り込まれたようなものです。研修制度の背景には、うずくような思いで豊かさを求める人と、それを利用して金儲けしようとする者が存在する。なのに、国際貢献といった美しい言葉によって、本質が隠蔽されている。もう、そろそろ、すべての膿を出さなければなりません。断言します。研修制度とは、現代の奴隷制度です。もっとも弱い立場の人間が犠牲となる、あってはならない「働かせ方」です。

期限が定められ、人権が認められず、労働法も無視され、そのうえ職業選択の自由もないといった労働者を認めることは、結局のところ日本の労働者全体の待遇を下方へ導くに違いありません。働き方、働かせ方に例外があってはならないと私は考えています。

Ⅲ　【討論】外国人労働者の受入れをどう考えるか

シンポジスト　荒木　正信（ローカルユニオン熊本書記長・熊本地区労連事務局長）
　　　　　　　寺間　誠治（全労連組織局長・外国人労働者問題連絡会事務局長）
　　　　　　　永山　利和（日本大学教授・中小企業政策）
　　　　　　　安田　浩一（ジャーナリスト・『外国人研修生殺人事件』著者）
コーディネーター　寺内　大介（弁護士、中国人技能実習生訴訟弁護団団長）

1　研修・技能実習制度はこれでよいのか

寺内（コーディネーター）　わたしども熊本の弁護士は、外国人労働者の問題について、これまでほとんど関わっておりませんでした。特に、研修生・技能実習生の問題につきましては、その存在すら認識してなかったというのが、正直なところです。さきほど訴えをしました六名の中国人実習

生の女性のみなさんの訴えを聞いて、はじめてこの問題について勉強をはじめたというところであります。

まず最初に、このいろんな問題をはらんでいる、研修生・技能実習生の問題について、制度をどうするのか。つまり、こういう制度は廃止をするべきなんだと考えるのか、あるいは、形を変えて手直しをして存続させる方がいいのか。この問題を最初のテーマとして、ご発言をいただきたいと思います。

●外国人研修・技能実習制度は廃止すべき

——荒木正信（ローカルユニオン熊本書記長）

地域の未組織、いわゆる労働組合にまだ入っていない労働者の人たちを対象に、企業の枠を超えて個人で入れる労働組合を、熊本地区労連が中心になって結成をしたのがローカルユニオンです。地域には、ご承知のように非正規雇用の労働者がひろがっておりまして、その人たちは、非常に無権利状態におかれています。そういう人たちの、いうならば駆け込み寺的な役割があるというふうに思っております。

その上で、この外国人研修・技能実習制度をどのように見るかということですが、労働組合としては、日本の労働者にも影響する問題として、当然今いる研修・技能実習生の処遇を考慮しながら、廃止すべきだと考えています。

まずは私たちも、彼女たちに遭遇して初めてこの問題に出会ったわけですけれども、この最低賃金の半分にも満たない賃金で、毎日一二時間以上も、働かされているというようなことが、今のこの時代にあったのかという、正直な驚きです。熊本県労連は、ローカルユニオンも加盟していますが、結成から二〇年、最低賃金の引き上げという問題を重要な柱として取り組んでいます。とりわけ、「最低賃金生活体験活動」のなかで、熊本の最低賃金は、時給六二〇円（二〇〇八年当時）

ですけれど、これでは生活できないということを社会的にアピールして取り組んできました。県労連・全労連の各地のこういう取り組みで、やっと最近国会でもこの問題が取り上げられて、見直しの議論が、そういう動きが出てきたと、まあそういう中で、このような実態が存在したということに、正直驚いているということであります。

この問題での、私たちのとらえ方ということでは、単にこの外国人労働者の問題、研修・実習生の問題という捉え方だけではなくて、今の日本の労働者のおかれている状態との関連で、どうみるのかということが、大事ではないかというふうに思っています。そういう意味では、貧困と格差、あるいはワーキングプアというのが問題になっておりますけれども、日本の労働者の賃金・雇用破壊、そういうものの中にある問題としてとらえるのが大事ではないかというふうに思っております。

もう少し、言わせていただきますと、いわゆる非正規雇用労働者というのは、一九九五年の当時の日経連が「新時代の日本的経営」という戦略を立てて、それに応えるような形で広がってきたというふうにみているわけですけれど、いわゆる一握りの正規雇用と、中間的な契約雇用、そして短期雇用いわゆるパート、アルバイト、派遣、請負というふうに労働者を分断して進めてきたわけですけれども、そのような労働者の賃金・雇用破壊の中にあるものとして、この問題をとらえることが、大事じゃないかなという問題意識をもっております。

制度の存続・廃止という点では、制度そのものが日本の進んだ技術の海外移転、国際貢献の一環というものでは、まったくなくなってしまっている。実態は、安上がりの労働者を半強制的に、奴隷のように労働させているのが実態で、この受け入れる企業も、違法に手を出す、非常に誘惑の大きい制度だというふうに思います。労働組合としては、日本の労働者にも影響する問題として、当然今いる研修・技能実習生の処遇を考慮しながら、廃止すべきだと考えています。

●団体型の廃止を――寺間誠治（全労連組織局長）

本日のテーマである外国人研修・技能実習生制度について、全労連は今回「外国人労働者問題に関する全労連の基本的考え方――貧困・格差拡大の中、すべての労働者の権利確立を――」をまとめました（本書巻末に掲載）。その中で私たちは初めて「多民族・多文化共生の社会をめざして」という見出しをたてています。

全労連としては、二〇〇六年九月に全労連外国人労働者問題連絡会（略称ＬＣＭ）を発足させました。実は、先ほどから研修・実習生問題につきましては、十分議論してこなかったという発言がありましたが、全労連としても同じで、先ほど訴えをしていただいた六名の中国人実習生のみなさん方のような、そういうとらえ方が、まさに実感として、体で感じて、いっしょにその労働条件の改善のために闘っていく、ということになっていたかというと、決してそうではなかった、と私自身考えています。全労連は、一九八九年の一一月に結成をされまして、その直後から、総合的な外国人労働者政策を打ち出そうと議論してきたけれども、なかなか合意に達するような総合政策を打ち出すことができなかった。そういうことが、実態としてあります。

しかし、一方で、研修生・技能実習生のあまりにも違

法な奴隷的な状態で働かされている事態というのが、全労連が各地で行っている労働相談を通じて、ここ数年の間に一気に浮き彫りになってきたということなんです。神奈川・愛知・岐阜・徳島・愛媛・熊本などで、一人でも入れるというローカルユニオンへの外国人の研修生・実習生のみなさん方の結集があり、それを通じて団体交渉や、JITCOをはじめとしたいろんな機関、法務省や厚生労働省への要求の提出、そういう実際の運動展開を始めてきました。

私自身が、初めてこの問題に遭遇して解決を迫られたのが、昨年(二〇〇七年)、茨城県の大子町のこれも熊本と同じ縫製工場で働く、ベトナム人研修生・実習生からの労働相談でした。これは、まさに先ほど熊本からお二人の代表からのご報告があったのと、ほとんど同じです。中国人の場合も、ベトナム人の場合も同じ奴隷的な労働状態で働かされていた。

茨城の場合は、福島空港にベトナムから来るんですけれども、空港から直接、福島県との県境に近い大子町という街にある縫製工場に送り込まれていました。二〇名近くいた二〇歳から二四歳までのベトナム人女性たちでした。実は実習が終了して、茨城県庁でその奴隷的な労働状態について告発する記者会見を全労連が開いたんですけれども、その時に彼女たちが、あの水戸にある県庁の、この県庁というのがバブルの塔のような大きな素晴らしい建物なんですが、そこに来て初めて、茨城県とは、こんな大きな街だったのか、というのに気づいたと言うんです。つまり、県庁の二十六階の水戸市内を見渡せるところに初めて来た。三年間、一歩もその工場から出たことがなかったということを聞いて、本当に驚きました。ベトナム大使館への働きかけなどを含め、彼女たちの未払い賃金は、労働基準監督署等の交渉を通じて、未払い賃金確保法に基づいて、勝ち取ることができましたけれど、このような労働実態というのは、全国各地に現にあるんだということを、私としても体で実感したのが、その事件でした。

現在、研修生の受け入れルートは、JITCO経由の企業単独型と団体管理型、JITCO推薦、それから政府機関によるJICAや海外技術者研修協会、入管への直接申請などを通じて行っていますけれど、このJITCO経由というのが全体の六割強を占めています。このJITCOというのは入管であるとか、厚生労働省であるとか、国土交通省であるとかそういうところの、各地方局の局長クラスの天下り団体になっているという現実があって、実は何らまともな研修もしていない。したがって今回、熊本のみなさん方も、JITCOを告訴・告発する相手のひとつに選んでいるということでありますが、極めて欺瞞的なJITCOを通じての研修制度がある。これについては、わたしは無くさなければならないという強い問題意識を持っています。したがって結論としては、今協同組合方式などによって行っている、いわゆる団体管理型の研修・技能実習制度については廃止すべきであると考えます。また、新規受入れについては、停止し、現実に在日中の研修・実習生の労働条件に対しては、きちんとした実態把握を行うこと。そして、日本の労働者との同等待遇を行うことと、法令違反の是正措置を講ずるべきであるということを提起をしていきたいと思います。

それから、二つ目に企業単独型の場合は、協同組合方式のようにひどいことはないというふうに言われているんですが、しかし、この研修・技能実習制度についても、本当に技能移転による国際貢献にふさわしいという内実の伴ったものになっているかどうかということになると、極めて疑問であります。したがってそういう実態の伴う研修に改善することなどを含めて、新たな制度の改善が必要だと考えています。

また最後に、外国人労働者や研修生等の権利保護措置等を盛り込んだ厚労省や法務省の指針、これの徹底を図ることを求めていきたいと考えていますので、最初にそのことを申し述べておきたいと思います。

●外国人労働者の問題とは何か――永山利和（日本大学教授）

私は一九八四年から一年半ほど、ジュネーブにありますＩＬＯ（国際労働機構）事務局の中に設置されているＩＩＬＳ（国際労働研究所）に滞在して、ヨーロッパ労働市場における不安定雇用、非正規という言葉はもうその頃からあるのですけれども、そういう問題を考える目的で、ＩＬＯの事務局におりました。少人数の研究所でしたが、広い視野で労働問題を見直すつもりで、日常の中小企業労働問題から離れて、研究生活に心掛けていました。まもなく、外国人労働者問題にぶつかりました。ＩＬＯにはマイグレーション（移民労働問題）を所管する特別の課がありました。雇用部局の中に置かれていたのですが、そこの有能なスタッフと意見交換をすることができました。ちょうど労働者派遣法が成立する直前でもありました。大変有意義な機会に滞在することとなりました。帰国後、日本大学で、外国人労働者問題の重要さを訴え、約十年間ほどかなり大がかりな国際シンポジウムを開き、この問題を国際組織をつくって研究しました。

　そこでの結論は、移民（住）労働（者）問題とはＩＬＯの基本的政策ですが、「労働力を入れようとして、労働者が入ってくる」ということでした。この命題の意味は、生身の人間が担う労働力ですから、当然労働力を活用しようとすると、人間が入ってくるわけです。人間は、当然、労働もしますけれども、生活し、友人もつくる、家族もつくる、家族ができれば子どもも生まれる。子どもが生まれれば、それに対応した学校教育などのさまざまな制度との関係が生じます。「表　外国人住民に対する諸制度の適用状況」には、基本的な人権などの総括的条件が示されています。これらの中では、今日登壇された実習生のみなさんの司法権をどう守るか、という重要な問題も含まれています。

　つまり、自分の訴えを行政や企業、労働組合だけで処理できない問題を、司法に委ねることは、これまで非常に難しかった領域です。研修生が司法対応を勝ち取ったことは、本日の集会実現を含めて熊本県の司法、あるいは弁護士のみなさんや労働運動のみなさんの大きな成果だと思います。

　外国人労働者の人権を守る観点にはさまざまな法規定が関わります。民事や警察権の行使に関する法規があります。先ほど、安田さんから、中国人研修生が栃木県で警官に射殺された例が報告され

区　分		適用される法律	居住		就労	非就労		
			A	B		C	D	E
Ⅵ 社会保障・社会保険等	国民年金制度	国民年金法	○	×	△	×	△	×
	厚生年金制度	厚生年金保険法	○	×	○	×	×	×
	介護保険制度	介護保険法	○	×	○	×	×	×
	私立学校教職員共済制度	私立学校教職員共済制度組合法	○	△	○	×	×	×
	国民健康保険制度	国民健康保険法	○	×	△	×	○	△
	健康保険制度	健康保険法	○	△	○	×	△	×
	生活保護制度	生活保護法	○	△	○	×	△	×
	児童手当制度	児童手当法	○	△	○	×	○	×
	自動車損害賠償制度	自動車損害賠償保障法	○	○	○	○	○	○
Ⅶ 住宅関連法	公営住宅制度	公営住宅法	○	×	△	×	○	○
	独立行政法人都市再生機構住宅制度	独立行政法人都市再生機構法	○	×	△	×	×	×
	公社住宅制度	地方住宅供給公社法	○	×	△	×	×	×
	住宅金融公庫融資制度	住宅金融公庫法	○	×	△	×	×	×
Ⅷ 保育・教育関係	保育所入所措置制度	児童福祉法	○	△	○	×	○	○
	義務教育制度	教育基本法、学校教育法	○	○	○	△	○	○
	幼稚園への就園		○	○	○	△	○	○
	高校・短大・大学等への入学		○	○	○	△	○	○
	就学奨励制度	学校教育法、就学困難児童生徒就学奨励援助法	○	○	○	△	○	○
	災害共済給付制度	独立行政法人日本スポーツ振興センター法	○	○	○	△	○	○
	義務教育教科書無償給付	義務教育諸学校の教科用図書の無償措置に関する法律	○	○	○	○	○	○
	独立行政法人日本学生支援機構学費金貸与制度	独立行政法人日本学生支援機構法	○	○	×	×	○	×
Ⅸ その他の公的サービス	郵便・郵便貯金・簡易生命保険等の郵便サービス	郵便・郵便貯金・簡易生命保険法等	○	○	○	○	○	○
	印鑑登録証明制度	市町村の条例	○	×	△	×	△	×

(注)　◎明文上の適用　○解釈・運用による適用　△自治体の裁量・運用による適用及び限定付適用　×非適用

A 外国人登録　B 非登録　C 短期　D 留学・就学　E 研修。

ビザの区分：「居住」とは、在留資格上、永住者、日本人の配偶者等、定住者の配偶者等を指す。

「就労」とは、在留資格上、投資・経営、法律・会計業務、医療、研究、教育、技術、人文知識・国際業務、企業内転勤、興行、技能、外交、公用、教授、技術、宗教、報道を含む。

「研修」には、文化活動、研修、家族滞在等を含む。

(出所) 手塚和彰『外国人と法』有斐閣、2005:374 頁「資料 1」外国人への諸制度の適用を加工。

地方自治総合研究所『自治総研』(2007 年 8 月) 申論文による。

表　外国人住民に対する諸制度の適用状況

区　分		適用される法律	居住		就労	非就労		
			A	B		C	D	E
I 基本的人権及び自由権など	人権保護	人事保護法等	○	○	○	○	○	○
	人権相談制度	人権擁護委員会法等	○	○	○	○	○	○
	人権侵犯事件調査処理制度	人権侵犯事件調査処理規定	○	○	○	○	○	○
	法律扶助制度	弁護士法、人権相談取扱規定、人権侵犯事件調査処理規定	○	○	○	○	○	○
	刑事手続	刑法、刑事訴訟法	◎	◎	◎	◎	◎	◎
	うち通訳・翻訳		◎	◎	◎	◎	◎	◎
	矯正施設への収容制度	監獄法、少年法、少年院法、婦人補導院法	◎	◎	◎	◎	◎	◎
	保護観察制度	刑法、売春防止法、犯罪者予防更生法	◎	◎	◎	◎	◎	◎
	民事法律扶助制度	民事法律扶助法	◎	×	◎	◎	◎	◎
II 賠償・保障制度	国家賠償制度	国家賠償法	△	△	△	△	△	△
	刑事補償制度	刑事補償法	○	○	○	○	○	○
	被疑者補償制度	被害者補償規定	○	○	○	○	○	○
	証人等の被害に対する給付	証人等の被害者についての給付に関する法律	○	○	○	○	○	○
	犯罪被害者給付制度	犯罪被害者等給付金支給法	○	○	○	○	○	○
	警察官の職務に協力援助した者の災害給付制度	警察官の職務に協力援助した者の災害給付法	○	○	○	○	○	○
	公害健康被害補償制度	公害健康被害の補償等に関する法律	○	○	○	○	○	○
	鉱害復旧制度	独立行政法人新エネルギー・産業技術総合開発機構法	○	○	○	○	○	○
III 登録等個人の身分	戸籍制度	戸籍法	△	△	△	△	△	△
IV 公的活動	選挙権	公職選挙法	×	×	×	×	×	×
	政治資金の規正	政治資金規正法	×	×	×	×	×	×
	公務員就任権	国家公務員法・地方公務員法、公立の大学等外国人教員の任用特別措置法等	△	×	△	×	×	×
V 就労・労働をめぐる権利	労働基準・最低賃金	労働基準法、最低賃金法	◎	◎	◎	◎	◎	◎
	職業安定・職業紹介	雇用対策法、職業安定法、その他の法律	◎	◎	◎	×	×	×
	公共職業訓練施設	職業能力開発促進法	○	×	×	×	×	×
	職業転換給付金制度	雇用対策法	○	○	○	×	×	×
	労働組合加入の権利等	労働組合法、労働調整法	◎	◎	◎	◎	◎	◎
	労災保険	労災保険法	○	○	○	○	○	○
	雇用保険	雇用保険法	○	○	×	×	×	×

ておりました。市民権行使の方法を知らない状態のままで、事件を起こしやすい生活環境（制度）に置かれている。それが外国人労働者が背負っているリスクです。どこの国もそうだと言っていいと思います。アメリカなどの場合は、警察官と雇用主がつるんで不法就労の労働者に賃金を払う時に警察に訴え、捕まえさせて、賃金の支払いをねこばばするということがよく起きます。特に小零細企業ほど警官とグルになりがちです。もちろん、警察組織が動くわけではなくて、事業主と警察官との個人的関係で生じることが多いのです。

外国人労働者が直面するのは、本国人と異なる戸籍の問題もあります。外国人労働者と申しましても、永住権を得ている方とか、長期に滞在している方で、地方税を徴収している関係上当然地方政治への参政権問題もあります。その他に、今問題になっております就労に関係する社会保障法の適用問題もあります。労働組合組織に加盟したことによって、解雇された場合は寮から追い出されて、ただちに居住問題が生じます。住宅確保の重要性も世界共通のテーマです。外国人労働者の居住権をどのように確保するかということです。通常は、ＪＩＴＣＯの例でもそうですが、住宅が一応あるけれど、それは企業側が「提供する」という言葉になっていますが、その「提供」の仕方に注目しなければなりません。どの広さのものをどのような費用で、どういう条件で居住させるのかということです。ドイツとかフランスの場合は、居住法によりバラックに集団で居住させることは違法になります。禁じられているのは、基準法にもとづく寮などの労働法による禁止ではなくて、むしろ建築物の使用に関して居住（法）に適合しない建物を住宅として使用させない生存権的市民法の保護規制です。日本でも外国人労働者に関係する法律は数多くあるけれども、これらを人権として有効に適用する意識では、労働法がつくられていません。だから、労働者は日本人を含めて外国人も〝等しく〟住宅関係規制は無権利状態だと思います。

保育・教育に関する扱いの問題もあります。外国人子弟が日本の学校に入る場合の問題です。先進国、特にEUの場合、就学保障の中に外国人の子弟を受け入れるために言語教育専門の教師が配属されます。スコットランドに留学した私の友人の場合、治安の悪い地域の通学に市はタクシーを用意しました。その費用は市が賄います。

人権擁護とは単に労働者だけの権利擁護ではなくて、家族の人権に拡大して考えなければならない。それが、国際法上の原則です。その原則に比して日本の外国人労働者に対する取り扱いは、入国に関しては、法務省が入国管理法に基づいて処理する。就労に関しては、厚生労働省がみている。それから、居住の住民登録に関しては、地方自治体、国でいえば総務省が所管する。その他に、文科省であるとか、住宅等に関すれば国土交通省が一体となって外国人労働者の処遇条件を整備していないというのが、「先進国日本」の対応です。けれども、わが国の場合には、外国人という人間の人権への意識が非常に乏しく、個別問題での個別対処に止まってきました。

時に、人手が足りないから外国から労働力の担い手である労働者を入れたらどうだとか、それから、向こうが「入りたい、入りたい」って言ってるんだから、こちらが必要なだけ選択して入れるという量的レベルの議論に止まってきました。その結果、外国人も本質的に人間としては政治や行政・司法全体の体系にわたる問題に体系性、一貫性をもった施策が不足してきます。しかし、いまではそれへの配慮が現代外国人労働者への常識的スタンスとなっています。

さて、以上に照らしてＪＩＴＣＯ（財団法人国際研修協力機構）という機構とその役割をみてみましょう。表向きＪＩＴＣＯの組織活動規定の対象業務には一定の制限があります。例えば、「単純な反復同一作業の反復」による研修はできないなどと……。これはどういう労働を言うのかということを考えてみますと、それに該当するような労働はないでしょう。機械と同じ労働ではだめ、と言っているだけの話です。裏を返していえば、それ以外の労働であれば、研修が可能ということになるわけです。

それから、研修とか滞在に関する期間の限定があります。そのうえ重要なのは、受入れ機関の責務とその実施の法的規定です。実は、これが規定はあるのですが、規定の遵守は全部、「指導」及び「支援」という言葉でまかなわれています。ということは、ＪＩＴＣＯという機関には、労働者の労働基準や研修手当を支給することになっていても、それら規定が、正しく所定通り支払われているかを監視し、あるいは調査する権限すらありません。

そういうＪＩＴＣＯという曖昧な組織規定しかない機関が、なぜ、斡旋や受入れをしているのか。このところに、ＪＩＴＣＯ制度の本質的な姿がみえるのです。この制度ができた時から、アジアの移民労働関係者の間で、ＪＩＴＣＯが注目され、かなり問題を生むことが予想をされていました。ＡＰＥＣ（アジア太平洋経済協力会議）の会議やＩＬＯアジア総局における外国人労働者問題協議でも、早くから問題になっていました。チュラロンコン大学（タイ）、ウォロンゴン大学（オーストラリア）、香港大学（中国）の方々との共同研究でも、ＪＩＴＣＯ制度の行方に注目していました。それは政府のように労働規制権限をもてない機関＝財団法人が、果たして設置目的を充分にこなせるかという点が基本です。

また、先ほども指摘されたように、斡旋機構には送り出し側の民間的斡旋機関に不法行為が起きがちです。いや、必ず起こるのです。それが受入れ側とつながるのです。そうした問題の発生は、国際的な常識です。その事実から見れば、ＪＩＴＣＯが、必ず低賃金・無権利労働者を送り込むしくみになることは、ほぼ、常識的に予想されていたわけです。

ですから、ＪＩＴＣＯを正常化するか、あるいは先ほど全労連の寺間さんがおっしゃっているように、廃止して、研修なら研修、あるいは労働者の受入れなら受入れ制度を、一貫性、体系性をもった別の機関をつくり直すよう改善する必要があるでしょう。それとも韓国が二〇〇七年に制度改革をしたように、外国人居住法＝基本法をつくり、その中で居住、労働、教育、社会権を一体にし、処理する体制とすべきです。これは後の議論がございますので、今議論されている自民党案、正式にはまだ出ているわけではありませんけれど、漏れ出ているところをみますと、韓国よりもずっと後退したものでしかないと思います。だが、いずれ改められなければならないでしょう。

そういう意味では、ＪＩＴＣＯの存在が、限界にきていることは確かです。制度疲労を起こして、自民党あるいは政府機関、特に経済財政諮問会議の労働専門部会等の論議をみておりますと、寿命が尽きたという認識をしています。大事なことは、われわれの手で何をつくるかという提案と行動です。この点で熊本裁判の司法判断は重要な意味をもっていると思います。私も、今度の仮処分の結果を含めて、司法、あるいは政府の動き、ＪＩＴＣＯ組織の評価、こういうものに注目しています。

日本人自身と同様、外国人の人権処遇における日本の国際的な立ち遅れは極めて深刻な状況です。自民党もこの点を理解せざるを得ないし、自民党の中川秀直氏等が中心になり、新しい制度移行を準備しつつあります。労働組合ももっと基本政策を提起し、問題に真正面から取り組む時期にきているということだけは申し上げたいと思います。

●一刻も早く奴隷的制度の廃止を――安田浩一（ジャーナリスト）

研修・技能実習制度の最大の問題点は何かというと、職場において正当な、あるいは対等な労使関係が結ばれていないことだと私は思っています。職場の中に存在するのは、労使関係ではなくて、支配・従属の関係でしかない。これは、形を変えた奴隷制度ではないでしょうか。

いま、私の手元には、ある受入れ企業の就業規則があります。ちょっと中身を紹介しますと、例えば、携帯電話を所持してはいけない、パソコンを所持してはいけない、夜間の外出を禁止する、といったことが書かれています。さらにはこんな文言もあります。「いかなる動機によっても、労働行政に訴えたり、ストライキをしたり、もめごとを起こしたりしてはならない」。まさに労働者としての人格が否定されているんですね。それから「研修期間中は、だれとも同居や結婚、妊娠を引き起こす行為をしてはならない」なんてものまである。恋人をつくることさえ否定されている。また、「他の研修生と団結し、現地の労働者と友好的に関わってはならない」。つまり、団結と友好をも否定しているわけです。国際貢献とか、人材交流とか、技術移転とか、研修制度の目的として使われる言葉は、みんな建前でしかないことがよくわかります。実際の労働現場では、こうした文言が横行して、みんなこの就業規則どおりに、労働を強いられている。

いま、制度改正をめぐって様々な議論がおこなわれていますが、果たして小手先の改正で、研修生・実習生の労働環境が飛躍的によくなるかというと私は疑問です。私としては一日も早く研修・実習制度はやめてしまった方がいいと思っています。

そのことを的確に表現しているのは、実はアメリカなんですね。アメリカっていうのは非常に変な国でして、他国の人権に対してはうるさいんですよ。最大の人権侵害である戦争を平気で仕掛けたりもするわけですが、他国の人権侵害状況に関しては、非常に緻密なチェックをしている。そのアメリカの国務省の中に、人身売買監視対策室というセクションがあります。そこが昨年度、「世界の人身売買に関する報告書」というものを発表しているのです

が、日本の研修・実習制度に関して、わざわざ多くのページを割いているのです。報告書には、このようなことが書かれていました。「日本における移民労働者の中には、外国人研修制度という名の下で強制労働の状態にあるものがいる。日本政府は外国人研修制度に参加する労働者が、強制労働状態におかれている可能性の捜査に一層の努力を払うべきである」。アメリカは、日本政府に「強制労働」の捜査をしろと注文つけているんですね。また、こうした文言もありました。「研修生が強制労働や、性的な労働（セックスワーク）に引き込まれるような可能性を秘めている。制度改正ではなく、制度の廃止を求める」。アメリカ国務省の人身売買監視対策室では、こうした強い調子で、日本政府に対して研修・実習制度をやめろと、強く勧告しているわけです。私はアメリカこそ人権侵害国家だと思っていますので、こうした国に言われたくはない、といった気持ちもあるのですが、少なくとも「報告書」に記されていることは至極当然のことであると判断せざるを得ません。

先ほど言いましたように、携帯電話をもってはいけないとか、パソコンをもってはいけないとか、労働組合に加入してはいけない、あげくは恋愛してはいけない、妊娠してもいけない、こんなことが就業規則で定められているような働かせ方・働き方が、果たしてあっていいのかどうか。さらには、転職の自由、職場を移る自由もない、退職の自由もない、職業選択の自由もない。人権どころか人格すら否定されているような制度があっていいのか。私は制度そのものを廃止してしまう以外にないと思っています。

2　外国人労働者の受入れをどう考えるか

寺内　研修・実習制度は、断固廃止すべきであるというご発言でした。今のご発言に関連して、現にいま、たくさんの方が来られていて、研修という名の下に働かされているわけなんですけれども、この方々に対する処遇については、どんなふうにお考えでしょうか。

●研修・実習ではなく、当たり前の労働者として働く――安田浩一（ジャーナリスト）

いま現在、研修・実習に参加されている方について、まずは当たり前の労働者として受け入れるべきだと思っています。研修・実習といった曖昧な肩書きを廃止し、正式に労働者として雇用すべきだと思います。

韓国は、それをやりましたよね。韓国ではかつて、日本と同じように研修制度が存在しましたが、それを廃止し、いまは外国人を労働者として受け入れるようになりました。昨年韓国へ取材に行ってきましたので、そのあたりの状況を少しお話ししたいと思います。

韓国では一九九一年に海外投資企業を対象とする産業技術研修制度を設け、さらに九三年、中小企業をも対象とした外国人産業技術研修制度に発展させました。韓国ではネパールやミャンマー、モンゴル、あるいはベラルーシやバルト三国などから多くの研修生を受け入れていました。

もちろんその韓国でも、研修生の劣悪な待遇は問題となりました。低賃金重労働、セクハラ、研修生に対する暴力など、現在日本で起きているような事件が続発しました。

そうしたなかで、ネパール人の研修生が「反乱」を起こします。ソウル市内に明洞大聖堂という大きな教会ありますが、そこにネパール人が籠城するといった事件が発生しました。ネパール人研修生は、そこで自分たちが受けている劣悪な待遇を訴えたのです。その際、研修生たちは明洞大聖堂の天井から、大きな垂れ幕を吊り下げました。そこには、つたないハングル文字でこう書かれていたんです。「私たちは人間です」。ただそれだけです。なんとも短いメッセージです。それだけに、その切実さに胸を打たれます。

ネパール人研修生、彼女たちも縫製労働者だったのですが、自分たちはあくまでも「人間」であることを訴えたかった。言い換えれば、人間らしい待遇を受けていなかったのです。この事件は韓国政府を動かしました。結果として研修制度が廃止されるのです。

新たに雇用契約制度というものができました。この雇用契約制度がどういうものかといいますと、まず、研修生を労働者として認めました。韓国の労働法を完全に適用させることにしたのです。ただし、期限の定めのある労働なんです。三年間経ったら自分の国に帰らなければならない、つまり期限付きの労働者です。短期ローテーションの労働政策ということに変わりはありません。ただし、無権利状態であった研修生の「人間でありたい」という気持ちを反映させ、若干なりとも前進したのは事実です。労働法が認められる労働者としての存在を、国によって担保された。労働者の権利を保障された。ひとつの前進だと私は思っています。せめて、日本もそれくらいやるべきじゃないかと思っていますけれど、短期労働政策というのは、先ほど荒木さんがお話になりましたように、今の派遣労働のあり方、あるいは偽装請負の問題があるように、期限の定めのある労働にろくなものはないと、私は思っています。やはり、働かせ方・働き方に例外はあってはいけない。きちんと労働法を適用する上で、どうやってその労働者とともに生きていくか、どうやって労働現場の中でわれわれはともに生きていくことができるのか、そのあたりを考えなくては、本当の「解決」には向かわないと思います。

●非正規労働のひろがりを見すえて――寺間誠治（全労連）

ローカルユニオン熊本の荒木さんが最初におっしゃったこと、また、今の安田さんのお話とも関係しますが、例えば、まだ記憶に新しい秋葉原の殺人事件ですが、あの加藤容疑者は、日研総業という悪名高い違法脱法の派遣・請負会社から、トヨタ直系の関東自動車というところに送り込まれていた。トヨタは三月期決算は二・三兆円という倍々ゲームの史上最高益を上げたんですが、その直後にサブプライム問題と原価高と鋼材引き上げがあったために、一気に来年度の一年先を見通した決算予測を出した。それがこれまでよりも二九・五％も減益になることが予想されると、とたんに関東自動車に対して今まで受け入れていた労働者派遣四社二〇〇人のリストラを発表した。それで、加藤容疑者のところにもそのことが直接告げられた、というのが犯行のきっ

かけです。彼がああいう形で非常に興奮して事件をおこす直接の契機になったと、その後の新聞報道などでも、分析されるようになりました。

　つまり、わが国内における派遣・請負・非正規・臨時労働者というのが、すでに青年労働者の内ではもう半分になっている。全体を通じても三人に一人は非正規になっていて、その人たちの年収ベースだって、二〇〇万から二五〇万円というような状況をみた時に、わが国の労働者全体の権利と労働条件引き上げの課題とマッチした形での総合的な運動展開を考えなければならないという強い思いがあります。

　今日の新聞に、昨日インドネシアで面接が終わったＥＰＡ協定（経済連携協定）のことが一斉に報道されましたけれど、これもわが国ではじめて一千名規模の看護師と介護士を来月から受け入れるという、もう直前にせまった事態になっているんです。確かに看護師さんというのは非常に不足している。医師についても不足している。また介護ヘルパー問題などを考えても大変な労働力不足というのが明らかです。けれども、一方で、看護師の資格をもっているが働いていないわが国の労働者が現に、五五万人いるということを考えると、なんで彼女たちが看護師として現場の第一線で仕事ができないのか。これは非常に厳しいわが国の労働者の中における労働条件の劣悪な実態があるためです。

そのことを考えたら、そう安易に、じゃあインドネシアやフィリピンから導入していくということが、いいのかどうかということについて、もっと深く考えなければならないと思います。EPA協定の問題は、今日の研修・実習生の問題から少し離れるかもしれませんが、同様の問題点というのが深層にあるんじゃないでしょうか。

寺内　ローカルユニオンの荒木さんは、先ほど研修制度そのものは廃止というご意見でしたが、外国人労働者の受け入れの問題についてはどんなふうにお考えでしょうか。

●外国人にも同等の権利があるという原則に立って――荒木正信（ローカルユニオン熊本）

私自身は、いずれまあ、開国か鎖国かではないんですが、外国人労働者を受け入れる状況というのは、遅かれ早かれやってくるんだろうと思います。それで、どういう受け入れ方にすればいいのかということについていえば、ローカルなところにいる私としては、情報が不足していまして、こうあるべきだというのは、この時点では言いづらいんですけれども、労働組合の立場からいえば、組合員の人種・性別・門地、そういったものでの差別はしない。同じ同等の権利があるんだというふうにローカルユニオンの規約に書いていますけれど、これが基本的な立場だと思います。いずれにしても、外国人労働者を受け入れることによって、新しい差別とか、格差とかいうものが生まれて、それがまた排斥というようなことにならないような制度にすべきじゃないかなと思います。

寺内　永山先生は中小企業政策がご専門ですが、今の日本の労働市場、あるいは将来の労働市場との関係で、この外国人労働者の受け入れ問題を、どのようにお考えでしょうか。

●均等待遇を強制力を持つものに——永山利和（日本大学）

私も永いこと学校で勉強し、多少労働運動の現場に立ち会いました。今の大学の前も、労働問題に個人的に首を突っ込みました。けれども、今のご質問は大変に答えにくいテーマです。

基本的に労働力の移動は、自動車とか家電製品の取引関係の「移動」と違い、自分で動くことができる。つまり、よりよい生活、よりよい環境を求める人間の本来的な要求実現の行動としての「移動」、というより、よりよいところへ移る努力をする。労働力の所有者とはそういう性格を備えています。しかもどのような制約があろうとも、さまざまな国境規制を乗り越え、国際的な労働移動を止められない流れがあります。しかし、では放置すればいいのか。放置という考え方は、今の市場原理主義者が言っている市場に任せるということですから、世界中から、日本がいいと思えばたくさんの人々が入ってきて、過当競争になり、賃金も下がるし労働条件も下がる。だから、安いコストの生産条件をもっている国になると思って都合がよい条件と考えている方もいらっしゃいます。

しかし、私はそうはならないと思います。お互いにその社会、その国のあり方をよいものにしようとすれば、改善への努力も注がれます。一方で労働移動は避けられない。その中で働く人々の移動は、管理が可能だと考えます。よい生活を求める労働移動には、より良い条件で働きたい代わりに、移動先で働く必要要件、例えば、日本で働こうとすればどうしても、日本語が必要です。では、日本語を覚える費用はだれがもつのか。あるいは、日本に渡航する費用はだれがもつのか。世界で一番高い住宅費用はだれがもつのか。「移動」にかかわる費用負担をなぜ、誰が、どのように背負うのか。それらを、よく考えると、外国人労働者と日本人労働者を平等・均等に扱う原則に立てば、「来るな」とか、あるいは「おいで」とか、いう簡単な判断ではすまされない多くの課題があります。全労連の寺間さんもおっしゃっていましたが、看護師が不足ならば、看護師の労働条件を上げれば、数十万単位の看護師資格を持った日本人の潜在化している看護師を、労働市場に登場させることができます。労働条件をもっと改善すれば、もっと多くの人がその分野に働く希望をもつかもしれません。

建設業は、かつては失業者を受け入れる産業でしたけれども、今は、失業者を押し出す産業に変わっていってます。なぜか……。労働条件が悪いからです。労働力不足とは、劣悪な労働条件で長時間働き、文句を言わない。先ほど安田さんがおっしゃったように、奴隷的でも働きたい人がいる限りは、〝労働力不足〟になります。だから、〝労働力不足〟だから外国人労働者を入れるという論理は、短絡的発想です。労働力不足を理由にするだけで外国人労働者を入れれば、必ずいずれ流入に伴うコストが上がります。冒頭で言いましたように、居住条件や教育、社会保障等を体系的に手当すれば、日本人の労働者と変わらない労働者になるはずです。そのことが重要な均等待遇原則の思想です。私たちは外国人労働者を外国人として扱うのではなく、日本人労働者として扱っていくときに、はじめてその均等待遇原則が生きると思います。これは、憲法の二五条(生存権)や二九条(財産権)の規定と同じように、法規定実現への努力を貫く政策が重要になるのです。

戦後日本の労働基準法、あるいは職業安定法、これはいずれも努力義務規定と指導行政にとどまっていて、法的基準規程になっていないのです。このところに、戦後六十数年経たこの国の労働法体系の弱点があると思います。この問題を日本の労働者が解決をするために立ち上がったとき、はじめて外国人労働者問題解決のスタートラインがつくられると思います。それは、内外労働者の均等待遇原則の実現で、はじめて社会的費用も日本人の労働条件や生活水準の改善につながると思います。一致点を早く見出して、先ほどジャーナリストの安田さんがおっしゃっていましたけれども、ゼノフォビアの緩和・解消、つまり外国人嫌い・排斥につながる心情を生む背景を解析し、労働者全体の連帯実現の条件を、精神的につくるべきでしょう。

困難な社会状況の改革を詰めながら、どのように労働者や国民、あるいは政府や自治体、あるいは企業家が、受入れ体系の課題解決に必要な政策を、〝束にして、管理していく力〟を造ることが大切です。それをやらないとこの問題はいつまでも解決しないし、特に日本は、過去に、移民を送り出した国であると同時に、朝鮮半島や中国から大量の強制連行で強制労働を強いた、そのために、暴力的にあるいは詐欺的に働かせてきた歴史への対応政策が満たされません。

この負の遺産の精算にどのくらいの人が苦しむか、ひとつだけ事例を申し上げると、強制連行の後、樺太に連れていかれ、ソ連で捕虜になり、カザフスタンに送られた朝鮮人労働者が、その二代目、三代目の人々で朝鮮語を話せない人たちが、今度はカザフでいろいろな差別を受けています。

そういうことを思うにつけて、日本人の外国人労働者開国論、あるいは鎖国論のスタンスの狭さ、当座の時空に間に合わせるだけの解決策が、どのくらい後に大きな禍根を残すのかをもう一度振りかえり、アジアあるいはアメリカ等々との関係について歴史的精算が求められています。今年（二〇〇八年）はちょうどブラジル移民百年です。そのブラジルからなぜ、二十数万人の日系人だけを入れようとしたのか。国際的にみると、日本の民族主義というか、閉ざされた日本社会を象徴する政策・スタンスだという限界も言っておかなければなりません。そういう問題に〝おかしいと思わない感覚〟を問い直さなければなりません。その意味で、論議はオープンなスタンスで行い、早い機会に、今日提起されたような差別的待遇改善を考える必要があると思います。

寺内　日本の労働者と同じように扱うべきだという点では、ジャーナリストの安田さんと同じご意見だったと思いますが、受け入れ方について安田さんからご意見いただけますでしょうか。

●外国人労働力の解禁を——安田浩一（ジャーナリスト）

本当は今日からでも外国人労働力というものを解禁した方がいいと、僕は思っています。研修生も実習生も正規の労働者として認めるべきです。けっして、きれいごとだけではすまないということも、理解しています。日本国内での反発も軋轢も予想されます。もしも、いますぐに研修生・実習生を労働者にできないというのであれば、それでも最小限、すぐに手を付けなければならないこともあると思います。

たとえば、研修生・実習生を一元的に管理する政府機関をつくるべきだと、僕は思っています。いま、日本にはそのような機関が存在しません。ＪＩＴＣＯ（財団法人国際研修協力機構）という組織がありますが、とても管理監督機関としての機能を果たしてはいない。ＪＩＴＣＯは一九九一年に設立されました。法務省・外務省・労働省・通産省・建設省という当時の五官庁からの天下りを迎えてできた組織です。天下り組の受け皿であり、さらに言えば、ブローカーの親分みたいなところですよ。昨年度（二〇〇七年度）だけでも国から補助金・委託費として一億四五〇〇万円が出ている。なおかつ、受入れ企業から賛助会員の会費というものをもらって維持運営されている組織なんですね。例えば、二〇〇六年度は、一二億円の収入がある。受入れ機関からは、一口一〇万円、二次受入れからは一社当たり五万円という会費をもらって、一二億円という収入を得ている。そればかりではない、大手保険会社一一社と共同で、ＪＩＴＣＯ保険という、研修生にかける保険の代理店業務もしている。その手数料収入だけで、年間一億円にも達している。研修現場の監視・監督という業務も確かに義務づけられていますけど、きちんとおこなわれているとは言いがたい。いや、もしも本当に管理監督をしているのであれば、いまのような無法状態がまかり通るわけがないのです。

だいたい、巡回調査に出かけるときも、企業へ事前に電話まで入れているんです。何月何日にお宅の職場まで行きます、と。当然、受入れ側は、想定問答集をつくっていて、研修生に対しては、「ＪＩＴＣＯからこう聞かれたら、こう答えろよ」と、そのとおり言わせるのです。もし想定問答通りに言わなかったら、研修生には強制帰国という罰が待っている。ですから研修生も経営者の言うとおりに、ＪＩＴＣＯへ答えるしかないのです。ＪＩＴＣＯの巡回調査など、何の役にもたっていないわけです。

こうした組織は、僕は早くつぶしてしまった方がいいと思います。制度をよりよいものにするのならばまずは一元的にきちんと監視・監督すべき政府機関の設置が必要です。ただ、将来的には今話したように、労働者として受け入れるべき制度改正が何よりも必要だと思っています。

よく外国人労働者に対して、「労働ビザを持っていますか？」と聞く人がいますけれど、日本には「労働ビザ」って無いんですよね。日本では原則的に外国人の就労は認められておらず、専門的・技術的分野においてその範囲内でいくつかの就労が例外的に認められているに過ぎません。となれば、やはり単純労働も含めて、外国人を労働者として受け入れるべき法整備も必要になってくるのだと、私は思っています。

先ほど申しましたように、外国人労働者の受け入れは、そんなに簡単なことでもないとは思っています。共に生きていくためには、その覚悟も必要です。移民労働者の受け入れが成功した国って、はたしてあるのか。イタリア、ドイツ、フランス、あるいはアメリカもそうですが、移民をめぐる問題は、国を二分するほどの議論を起こしています。当然、言葉の問題もある。家族も来る。労働者本人だけの問題じゃないんですね。社会保障や教育の問題にもつながってくる。だからこそ、ゼノフォビア、つまり外国人排斥、外国人嫌いという問題も、その中から出てくる。日本人の福祉も後退するんじゃないかという危機感も、一部の国民から出てくると思います。

しかしだからといって、人手不足や賃金コストの削減のため、研修・実習制度のようなものを、例外的に認めるだけでいいのかというと、それは間違っている。そんなご都合主義が許されていいわけがありません。

私は、移民の受け入れは先進国の義務だと思っています。その流れは止めることができない。それによって労働市場が混乱することを危惧するのではなく、たとえばいまこそ労働組合の出番だというふうに考えることはできないのでしょうか。組織率が低下した労働組合も、今こそ外国人労働者と団結して、日本の雇用環境を上向かせるための運動を起こすべきでしょう。組合員を増やすチャンスでもありますし、そうすることによって、労働法制の規制緩和ではなく、規制強化に向けて、日本人であろうが外国人であろうが、働く者は同じ待遇でなければならない、労働法違反は許されないといった、運動ができるのではないでしょうか。

移民労働者という概念は、これまで日本にはありませんでした。外国人労働者というのは、イコール、オーバーステイの労働者とダブっていたわけですね。国境を超えて働く移民労働者という概念を今から作り上げるべきだと、僕は思っています。さまざまな問題は出てくるでしょう。でも、私たちは普段から国際化の時代とか言っているわけでしょ。であるならば、国際化に向けた覚悟は必要だと思います。

●日本の改革という大きな視点に立って――永山利和（日本大学）

いま安田さんがおっしゃった、労働者にとっての「国」という論点は、非常に基本的で重要です。全労連の寺間さんの提案も多分、そういう方向性を指し示していると理解しています。私が実際に体験したことを一つだけ申し上げます。

どこの国に行きましても、外国で就労する者は、必ず特別の管理を受けます。管理形態はそれぞれの国で規格が定められています。私がＩＬＯの国際労働研究所の研究員としてスイスに行った時は、入国規定の条件では公用に該当します。公用ですから、雇い入れ期間等の就労許可証を持ち、その発給書を受けると、テレビ機器のリース等の信用取引ができます。必ずパスポートを見せ、在留許可証明（カルテ・ドゥ・レジティマシオン）があれば、この人はどこに住んでいるかが分かるのです。それで、通常のスイス国民と同じレベルで契約当事者になれます。住まいについても、就労許可がない限りは、居住契約はできません。加えて郵便局が打ちつける金属製のネームプレートがなければ、郵便局員は郵便物を配達しません。電話の契約はもちろんできません。

そういう形でひとつひとつ、極端にいえば、一挙手一投足が管理されています。子どもも学校に入れますと、学校にはＰＴＡ、学校のルールがあり、それから学校のさまざまな行事に対する対応が求められ、子どもを日本人学校に入れるについて、報告をします。ジュネーブはフランス語で、私たち親もフランス語はできないものだから、ＰＴＡのボランティアの人たちの助けを受けて、陶芸教室だとか、ティサージュというスイスの独特の織物などの工芸活動のクラブにお誘いを受けます。子どもはすぐに、学校では言葉を覚え、馴染みます。私の子どもは小学校の一年生でしたが、手厚い教育を受けました。子どもの方が上手にフランス語を話すようになりました。そういう手間を考えると、本国人よりも外国人の方がずっと多くの費用、社会的費用がかかります。それでもなお、入国させることが、重要です。就労と居住・在留のさせ方に対する共通の社会的な負担があります。

それと比較すると、日本ではどうでしょうか。日本の学校の保護者の方々には、外国人の子どものために学校が手間をかける暇があるならば、日本人を優先させ、それが厭ならばどうぞよそに行ってください。それよりも日本人の子どもの受験勉強をやってくださいというのが、腹の中にあるのではないでしょうか。

外国人受入れにともなう社会的費用を前提として、積極的にこの問題に取り組む重要性の発見が、私の体験です。ここから発する日本の改革、あるいは日本の生活条件をよりよいものにしていく作業が、憲法のいう日本人の国際的責務として大変大事な問題とかかわると考えるのです。

日本人の居住条件は、特に大都市でよくないものです。その上、さらに多数の外国人が同じ部屋に雑居寝する。これは、都市部の外国人労働者の居住形態共通の状態です。群馬県太田市の実態などを見ますと、結核、インフルエンザ、その他ハシカ、そういった伝染病が、一気にはじける危険性を群馬県庁は考えています。単なる企業コスト負担だけではなくて、国民・市民全体の居住にかかわる安全・衛生費用を併せて考慮しなければなりません。先ほど安田さんの写真にもありましたが、中国人研修生・実習生の寮は土台がない建築物かもしれない。それは、作業場だと考えられるからです。そうすると、住居用建築物でないものを転用している可能性があります。そういった規制を行政が見逃し、それを事業者が、悪用していることを考えますと、やはり建築基準法や、日本の建物の利用規制がほとんどない状態が問題となります。

ヨーロッパには、建物利用規制として、事務所用に建てた家を住宅に使ったり工場に使うことは勝手にはできないしくみがあり、結果として街並みがきれいになります。日本には、あらゆる面で諸々の法律を守るということに対するゆるい態度があって、それが外国人労働者の現状をつくると思います。

日本では、法の面でもすり替えが行われがちです。正義という「義」があります。義理の「義」です。義肢、義手、義足とかは、偽の手、偽物の意です。けれども、そういう風に漢字を使っている国というのは、漢字圏の中でも日本だけです。理がとおらないものを「義理」といい、嘘の目を「義眼」と呼びます。こういう難しさを、外国人に教えなければなりません。私は、中国人留学生等に、大学院で日本語で専門書講読を引き受けています。そこで教える日本語は階級言語という特徴をもっていて、本来の意味と違う文法をもち、語義もどんどん変わる言語だと、注意しています。典型例がこの「義」です。正義とか義民とかいうのが変わり、「偽のもの」に変わります。そのちょうど中間で「義理チョコ」とかという使い方があります。そういう文化ですから、外国人は日本社会の中で迷います。言葉で、労働基準が書いてあっても、そのとおりにならない現実があるのです。

会社法が二〇〇七年から変わりました。その中で一円株式会社も許されることになりました。そういう株式会社法でいいんですか、ということです。東大の神田秀樹さんは、会社法は、日本語では分からないと、『会社法入門』（岩波新書）に書いてます。日本語というものが分からなくなった。だから、分からない日本語で書かれた日本の会社法も分からない。つまり、インチキの会社を作ってもいいという法律になると警告しています。

そういう現実があること、それから、先ほど触れたＪＩＴＣＯは、代理と委託の関係で成り立っている組織です。しかし、代理と委託関係は、グローバリゼーションの最新鋭の理論です。エージェンシーとゲーム理論が基礎にあります。「代理」という、依頼人と代理人が市場を作り、新しい関係になります。全部代理人で固めますと、だれが本当の犯人だか、分からなくなるのです。中国にいる送り出し機関が悪いのかどうかの判定基準ともかかわる問題です。百何十万円をはじめに取ります。渡航前に出国費用を貸すとかまたは立て替えるということにして契約するシステムを構築します。現金ベースで、本当に借りているかどうか分かりません。しかし、この契約関係こそ、日本の隷属状態をつくる根拠になっている仕組みが込められています。これは、本国、送り出し国の代理人関係があります。受け取った方は、本国で出国前に約束して来たよ、といって内訳を示しません。これも代理関係では合法です。

代理と代理との関係がつくられ、厚生労働省も法務省もその代理関係に委ねて運営されてきたのがＪＩＴＣＯです。かなり高度な知恵で固められた団体契約組織です。だから喧嘩はやっかいです。これは、グローバリゼーション化で、サブプライムローンの破綻が世界中に広がってきたのと同じ理論で組み立てられていると考えておかなければなりません。それが、世界中に蔓延している現象です。外国人労働者だけではなくて、債権・債務の国際的関係では日本人だからといっても場外にいることはできません。この関係の中では最後に、ババを引くのは労働者階級だと運命づけられているのです。労働するものだけが最後に債権の負担を押しつけられる人になるわけです。これを黙ってみているわけにはいかないと思います。

3　会場発言

寺内　今日は、『週刊東洋経済』の風間記者がお見えになっています。風間さんは、二〇〇八年五月一七日付『週刊東洋経済』に「不正行為続出で移民論議が続出」と題して、熊本の彼女たちの闘いに焦点を当てた記事を書いておられます。

●「協同組合」が増殖するカラクリ――風間直樹（週刊東洋経済記者）

シンポジストのみなさんから、この事案、研修生・実習生制度のお話をされていらっしゃいますし、私よりよほど先輩の、安田さんが詳細なレポートをされていらっしゃいましたので、私は自分のレポートの中で書いた話を一点だけ、非常に複雑な、そして大変問題だなと思う事例を紹介させていただきたいと思います。

私がちょうど二年前、外国人研修生・実習生を取材し始めた時から、今回改めて、全国各地を回ってみて、今、複雑化、巧妙化が進んでるな、ということを実感しています。これは福井県のケースですが、ある縫製工場（C工場）が問題を起こしまして、受け入れ停止の処分を受けたんです。そうしましたら、あろうことか、ここの社長は自分の会社の部下に、それぞれペーパーカンパニーを作らせて、それぞれのペーパーカンパニーの支店を、自分のC工場に出店させるという——それ自体が非常にイカサマくさいんですが——手法をとった。それによって、三年間の受け入れ禁止という厳罰をくらったにもかかわらず、その後も実態は以前となんら変わらず、研修生・実習生を使い続けたというケースでした。

これ自体、明らかな処分逃れのケースだと思ったんですが、このケースの取材を進めていきますと、もう一つ面白いことが分かりました。もともと、このC工場と連携関係にありました協同組合、一次受入れ機関のB協同組合というところがあったんですが、このB協同組合と並列するような協同組合がいくつかありまして、さらに、そこをすべて取り仕切るような一番上に、A事務所という組織がございまして、これは専門家の間では「ゼロ組合」と最近いわれるそうなんですが、このケースの場合、B協同組合は実態はあるんですが、そうでないようなケースも多い（図）。

風間直樹さん

それで、協同組合はどんどんできています。これをなんらか、規制できないか、というふうに当然思ったりもするわけですが、実際に所属の官庁を取材してみますと、これを止めさせることはできないというんですね。この協同組合の設立要件というものは、ゆるいんです。書面さえ揃えれば、なんの問題もなく設立できてしまう。こうなると研修生・実習生を使いたいという会社が、ペーパーだけでも協同組合を立ち上げまして、この実習を取り仕切るようなA事務所のような、本来あってはいけない組織に丸投げすることによって、いくらでも利

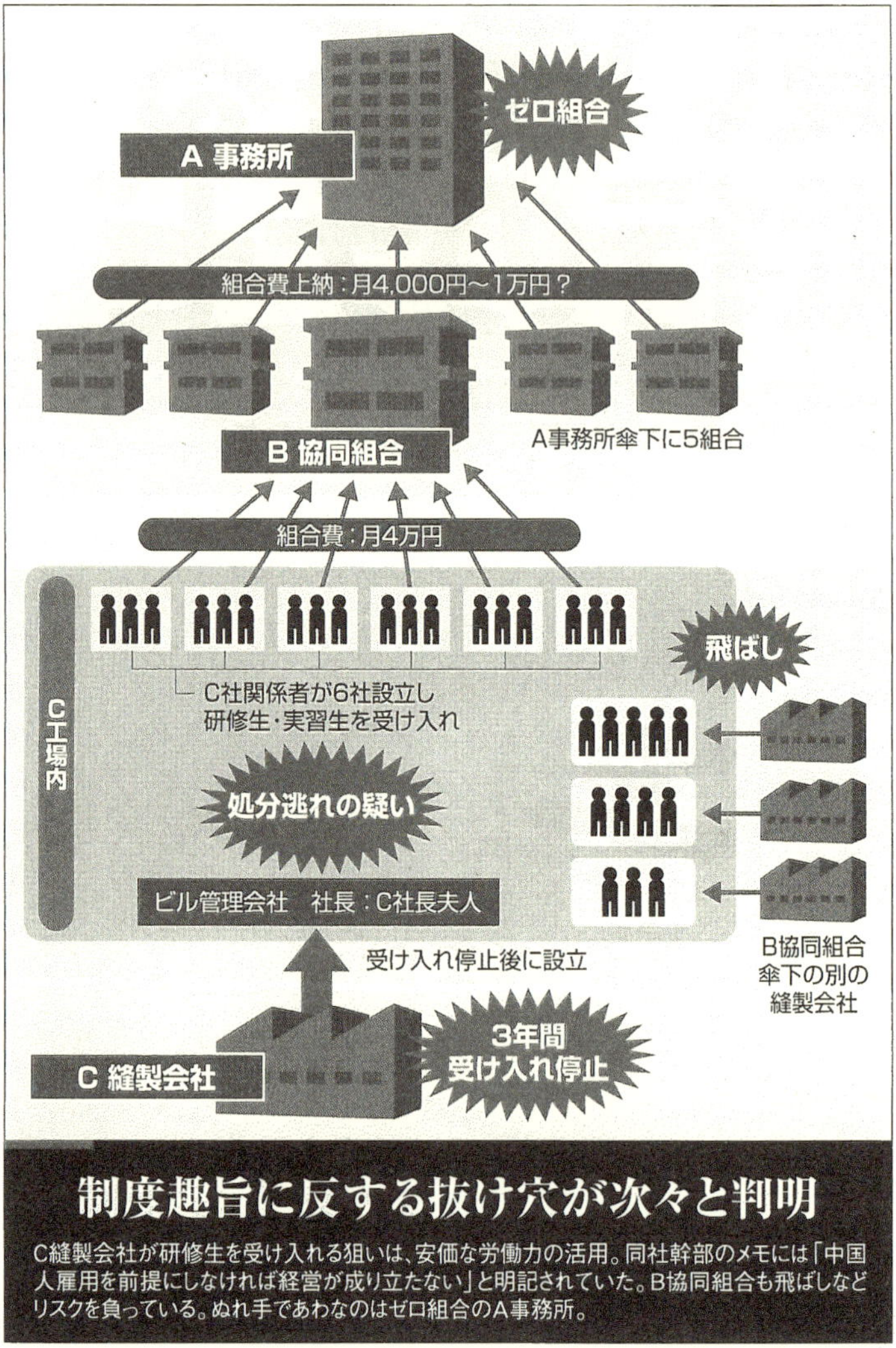

図　抜け穴だらけの外国人研修制度
（風間直樹「不正行為続出で移民論議が本格化」、『週刊東洋経済』2008 年 5 月 18 日号）

用を広げられるわけです。

それで、先ほどの安田さんのお話にもありました岐阜のケースなんですけれど、まさにこのゼロ組合というものが、岐阜にも存在しました。岐阜県には他にも二つ、この福井のA事務所のような、いわゆる三大ゼロ組合といわれるような組織があるというくらいに巧妙化しているわけです。この絵をみていて分かりますとおり、組合費をそれぞれがこのA組合に上納している。

結局この制度、本音と建前の乖離というのが、本当にすべての矛盾を引き起こしていると、私は取材の結果思ったわけであります。まあ得てして、そういうもののところには必ず、反社会的勢力が入り込む余地が出てくると思います。その観点からも、たぶんこの制度は抜本的な改正がない限りは、これがなんらかの手直しが続く限りは、必ず使う側はどんどん巧妙化させて、より地下に潜るような形で、手練手管を巧妙化させることが想像できます。そこは当然われわれマスコミも注意しなければいけないんですが、彼ら彼女らを保護する労働組合のみなさんもぜひ、目を光らせていただければと思います。

寺内 今日は仁比聡平参議院議員の秘書の相澤孝子さんが東京からお見えになっています。この研修生の問題、大変問題が多いということで、政府もいま動き出しております。そして、閣議決定がなされたことについて、仁比議員が質問をされました。

●重い政治の責任――相澤孝子（仁比聡平議員秘書）

この問題に、大変強い関心を持っておりまして、政治が、このような事態を放置しているっていうことが、自分の問題として考える時に許されません。よそから来た国の人々が、このような傷を受けている。三〇〇円で残業をさせられている。あるいはパスポートを取り上げられる。あるいは八畳という部屋に五人も六人もつめ込まれて生活させられている。暖房がない。トイレもついてない。こういった実情を聞いた時に、自分自身の問題として取り上げたい。自分ならどうするんだと……。そういう思いで、仁比議員がこの間、国会で二回ほどこの問題を取り上げました。

その中でわかったことですが、国は今のような問題点の多くを、実はほとんど承知しているんですね。例えば、いまアメリカの人権委員会の人身売買報告書のお話がありましたけれども、仁比議員が問い質しているのに対して、鳩山法務大臣が、こんなふうに答えているわけです。

「私はたまたまサンダカン八番娼館の山崎朋子さんの小説というか女性研究史、あるいはその続編等を最近ちょうど古本屋で手に入ったものですから今読んでおりますが、女衒という妙なやつらが非常に貧しい天草島の女性をシンガポールに、ペナンに、サンダカンに売り飛ばしていく、何かそういうことに近いようなことが、この立派な目的――技術移転や国際貢献というような立派な目的――を持った研修・技能実習制度の中で行われることがもしあるとするならば、これはもう絶対に許されてはならないので、入管局を厳しく指導してまいります。」

つまり、身売りという事態が起きている、そういう問題なんだという認識を法務大臣は一応持っているんですね。ですけれども、じゃあ、人材育成という問題が、研修生のみなさんがお帰りになった後、本当にそれが、当該国で引き続き生かされて、その国の発展のために使われているのかということについて調査をしているのかと聞いたら、調査らしき調査はなにもしてないというふうにも、答えるわけです。

従来、研修生の場合は労働者ではなくて、研修するわけですから、それこそ座学という形で勉強をさせなければならない、その勉強をさせる期間を年間の三分の一はそれに充てるということをもって研修生と規定していたのです。それが一九九七年の段階で、五分の一にまで減らしたわけです。つまり、労働者になることを制度的に緩めてきたのも政府ですし、あるいは責任をもつ所管の省庁を明確に示さないで、入管局が基本方針を作ってそれに基づいて、動きなさいという指示だけを出して、後は先ほどから出ているＪＩＴＣＯの、いわゆるみなさんが天下り機関とおっしゃっている機関に、何の権限も持たせないで、丸投げしている。

相澤孝子さん

制度・しくみとして、当初の企業単独型を作ったときには、日本の大企業がどんどんアジアに進出していく、その基盤づくりのために、企業の研修にあたることを、日本に来て実習させる。三年で必ず帰らせる（当初は一年でしたが）、という形で進めたものだと考えております。現に、それと比例して、日本の企業のアジアへの進出が進んでいくわけですけれども、今度は人手不足を補うという発想から、団体管理型がより広く勢いをつけて広がってきた。

この制度を作っているのは政治であって、やはり、政治の方に目を向けなければならないというふうに思います。来年（二〇〇九年）の通常国会に法改正案が出てくるということなんですけれども、自分の問題として、この問題に取り組みたいと思っております。今、お話にあった国内法を差別なく外国人にも適用するということについては、もとより適用することになっているんです。労働基準法であれ、最低賃金法であれ、全部適用する。そういうことになっているわけですし、その他の法律も、日本で暮らす間は、日本の法律が適用される。これが当然なんです。しかし、それが適用されないしくみを、一方で作って穴を空けていくというようなことが、制度的に許されている。私は、そこが一番問題なんじゃないかと思っています。今日ご参加のみなさんと一緒に、力を合わせて、なんとしても、これほどひどい制度を放置しておくことは、大変つらいことですし、恥ずかしいことだと思い、議員の秘書として一生懸命取り組みたいと思っております。

4　まとめにかえて

寺内　最後に、シンポジストのみなさんから、ひとことずつご発言いただきます。

●第一次受入れ機関の悪徳ぶり――荒木正信（ローカルユニオン熊本）

熊本でどういうことが起きているかということについてもう少し発言します。JITCOの罪ということを何人か言われました。それもありますが、もっとひどいのは団体管理型での第一次受入れ機関である協同組合の悪徳ぶりです。まあ、第二次受入れ機関についていえば、いわゆる不況業種というか、熊本でいえば縫製とか農業なんで、多少弁護してやりたい部分がないこともないんですね。農業なんかでは、農業新聞の記者がきて、この制度を「悪魔のささやき」というか、それに手をつけたくなるというようなことを言っておりました。まあ、そういう側面が確かにあるだろう。まじめにやっている第二次受入れ機関もあるんですが、そういうところから、内部告発の電話が県労連にかかってきました。

その内容は、「今、研修生が問題を起こせば、すぐに組合からはずすというふうに協同組合の○○理事長から言われた。理事長は三つの業種の協同組合を運営していて、その一つが不正認定を受けて三年間受け入れ禁止になっても、痛くも痒くもない、と言っている。われわれ組合員はたまったものではない。協同組合は悪質で、最賃の半額で雇えることを宣伝して、研修生一人につき五万円もの登録料を取っている。とにかくひどい奴だ。ぜひ、がんばってくれ！」という中身の内部告発でした。

もう一つは、この制度に、暴力団とおぼしきものが関係しているというケースも経験しました。

先ほど農業実習生の問題でやくざがどうこうという話がありましたが、県労連にも、第一次受入れ機関の理事長と一緒にそういう人たちが十人ほどでやってきました。名刺では、関西の方の団体でしたが、そういう団体に第一次受入れ機関が、入会金三〇〇万、毎月の会費三〇万円で、その一員になっているということも噂で聞いています（ちなみのその団体は内紛によって現在は解散したとの話も伝わってきましたが）。これほどまでにこの制度が腐り、その腐りきった制度に、いまだに一次受入れ機関は群がっているという実態があるということを紹介しておきたいと思います。

最後ですけれども、私が本当にこの問題で危惧しているのは、最初に言いましたけれども、この問題は、中国人実習生の問題解決ということだけじゃなくて、すべての労働者の問題だということです。全労連の寺間さんからも、秋葉原の事件も指摘されました。今、派遣労働者といった広がりの中で、若い人たちが希望が持てないというか、努力しても報われないという社会が広がっているということに、非常に危機感を持っています。こういう状況が続いていくならば、この日本はいったいどうなってしまうんだろう。今、環境問題とか食糧問題とかが、大変大事だというふうに言われていますけれども、もう一つ日本の労働社会の問題も非常に重大だろうと。そういう意味では、これは極めて人権の問題でもあるととらえていますし、人間らしく、労働者らしく扱えという要求というのは当然だと思いますし、私たち労働組合は基本的人権の砦というふうにも言われていますし、そういう面で、労働組合が頑張っていかなければいけないな、ということを受け止めています。

●外国人労働者から勇気をもらって――寺間誠治（全労連）

わたし、二つのことを最後に申し上げたいんですが、ひとつは、僕らが逆に外国人労働者のみなさんから、学ぶこと、また、たくさんの勇気をもらっているということが現実にあると思います。わたし先週、神奈川県川崎市で行われた外国人労働者の全国フォーラムに行ったんです。その雇用の分科会で、首都圏移住労働者ユニオンで一緒に闘っている中国人の方がいました。この方は研修生じゃなくて、東京美装という全国展開している六千名の従業員をかかえたビルメンテナンス会社で働いている女性なんですけれども、朝出勤した時から、部長・課長クラスの管理職にセクハラ・パワハラをずっと受けていました。出勤したらすぐに肩をさわったりして、「これは日本のコミュニケーションなんだ」などと言うんですね。彼女はそれに対して今、敢然と裁判闘争を闘っているんですが、日本人の多くの同じような境遇の女性たちが、セクハラ・パワハラに対して、なかなか立ち上がらないという現実もある。しかし、私はそうした日本人たちのためにも必ずこの裁判で勝利するんだということを、おっしゃいました。

ある意味では、今日決意表明していただいた六人の中国人実習生のみなさんが、全国の低劣な労働条件の中でまだ立ち上がれない労働者も代表して闘っている気がします。それは、おそらく熊本のみなさん方が、「守る会」を作り、ローカルユニオンに組織して闘っているということと、非常に連動していると思っています。

みなさん、「労働組合」というこの四文字熟語がちょっと前までは、塀の中の本工・正社員の既得権擁護の保守的な集団の集まりだと世間では、見られていたことがありました。これは、自動車や電機を中心にして、連合内の大企業労働組合がまったく闘わないからです。しかし、一方では圧倒的な多数の非正規の人たちが製造現場にいる。その人たちが日本の産業を支えているということについて、われわれはもっと目を向けるべきだったけれども、不十分だった。研修生・実習生の問題でいうと、なかなか組織化が難しい、その人たちは三年間で帰ってしまう。そして、組合費をもらえるわけでもない。だから、どうしても躊躇してしまう。しかし、ローカルユニオン熊本のこの闘いは、まさに一八万人の研修・実習生を代表して闘っている、そういう取り組みだと思います。

それから、二つ目は、わたしは実は全労連が今回打ち出すこの方針もまだまだ伝統的で保守的な部分があると反省していますが、しかし、一方で外国人基本法を制定して、多民族多文化共生の社会をめざすというようなことは、相当、踏み込んだ提起だとも思っています。なんでこうしたことを打ち出したかというと、二〇〇六年九月に外国人労働者連絡会を作ったとき、その発足総会には、クルド人の人たち、インドネシアの人たち、ベトナム・中国・フィリピン、そういう人たちがたくさん来て、もうそこで楽しく歌ったり、踊ったりしました。そして、総会に彼女たちが来て、中国人の人たちは、たくさんの餃子を作ってくれる。インドの人たちは、美味しいカレーをいっぱい作ってくれる。そういうのをいっしょに食べながら、交流する中で、私自身が、国連がいう「文化の運び手」というのはこういうものかな……、と実感して、そういう人たちと触れた時に、やっぱり閉鎖的な日本列島とはなんだったのか……。本当に私自身が感じるところがありました。

首都圏移住労働者ユニオンには小さなブースがあって、イスラムの人たちは、一日五回お祈りをするんです。したがって、労働相談を受けている間でも、時間が来ましたと言って、ブースでお祈りをしちゃう。しかし、それは非常に重要な文化であり宗教です。そういうことを僕らがどれだけ理解することができているのか、今後の日本の労働運動全体の発展にも関わっている問題だと思います。日本人も外国人も本当に共生して、一緒に住んで、それこそ世界に誇るような日本になることを目指して、全労連としてもがんばりたいということを申しあげたいと思います。

●世界に通用する日本の労働現場を――永山利和（日本大学）

フランスにおける近代にパリ・コミューンの闘い（一八七一年）の歴史があります。パリ・コミューンのバリケードを最後まで守り、倒れていった戦士たちは、マルセイユを中心に働いていた、アルジェリア、チュニジア、モロッコなどマグレブ諸国から移住してきた労働者たちの人々が中心でした。そういう人たちの二世三世の熟練工、そういう人たちが最後まで闘いました。フランス本国人よりもフランスの民主主義のために闘ったのです。そういう歴史がフランス近代の

精神を形成し、発展させる要素となりました。

社会に生きる全ての人々の力を受け入れた歴史を考えますと、もし民主的な体制があれば、自国民でなくとも、他国の人々も一定の国民国家を守る。あるいは一緒に闘う。そういう経験が、労働移動の歴史の中に見られます。もちろん、摩擦ももっとたくさんあります。しかし、摩擦は同国人の中にもありますから、それを国境や国籍のせいにしないで摩擦を乗り越える行動が大切です。闘いは、けっして孤立した闘いではありません。ＩＬＯ条約も、勧告の中にも、外国人労働者に対する、本当に基本的な視点が出されていますし、それから、日本の労働法につきましても、民族の差別をしないように作られています。ですから、これらの体制をいかに活用・発展させるかが課題です。われわれが敏感に対応すれば、改善の可能性は高くなるでしょう。

それから、外務省の「海外交流審議会」が、平成十六年答申で、われわれが今日議論した方向を含む改善提案をしています。その中で、研修制度は研修に特化すべきだと軌道修正を求めています。学校教育改善も、もっと力を入れてやらなければ、大量の留学生の受入れ歓迎なんて大きな顔をして言えたものではありません。日本人は大量に外に出て行って丁寧な処遇を受けています。外務省としては、出と入りの双方を見る立場として、官僚・官庁の中では比較的公平です。そういうことを考えますと、厚生労働省・法務省・外務省・総務省・国土交通省・農林水産省、これらがみんな関わっているわけですが、これら各機関が本当に国民に応える国民国家という立場に立ち返るか、あるいは企業国家になるのかという、こういう分かれ目がこの問題にも表出していると思います。

各省庁で働く労働者とも、またそこで働く非正規労働者とも団結しながら、先ほど言ったエージェンシー（代理（人）関係）社会が生むリスクが一個人にしわ寄せする醜悪さを食い止める運動を提起し、労働運動の側から改善していく力を培養し、よい解決方向を見出していただきたいと思います。また、今日、このようなシンポジウムが、熊本で行われた意味、これは非常に大きいと思います。ぜひみなさんも含めて、公害防止運動とともに日本が世界に通用する日本の労働現場を構築するためにがんばっていくべきだと思います。そのために私も役に立つことがあれば、小さな力ですけれども、まだまだがんばっていきたいと思っています。

●外国人労働者とともに生きる中から——安田浩一（ジャーナリスト）

寺間さんは全労連が打ち出した「方針」について、まだまだ保守的であったかもしれないとお話になりましたが、けっしてそんなことはないと思います。ナショナルセンターとして、これだけやったというのは、ある意味、画期的だと思っています。少なくとも研修生問題に関して、ナショナルセンターがここまで踏み込んだ見解を示した例はありません。

今日はあまり時間がなかったので詳しく触れることができなかったんですが、やはり労働組合の問題というのは非常に大きいと思います。たとえば連合は、組織としてはまだ、研修制度に対して真剣に取り組んではいない。加盟する労組のなかには非常に真面目に取り組んでおられるところも多いのに、ナショナルセンターとしての取り組みは遅れています。それどころか、JITCOの理事の中には連合の代表も入っていますしね。また、労働組合の関係者が、研修生の受入れ団体、たとえば協同組合の代表をやっている例というのが、いくつもあるんですね。本来、労働者の側に身を置くべき人物が、受入れ機関として労働者を迫害しているケース、これがけっして少なくない。そのことが、研修生問題に対する労働運動の「無関心」にもつながっているのだと思います。

それから、研修・実習現場における暴力とセクハラの問題にも触れたいと思います。取材をしていて必ずといってもよいほどに直面するのが、研修生・実習生に対する経営者の暴力とセクシャルハラスメントなんですね。この問題、なかなか表面化しない。いや、できない。殴られる側は口をつぐむしかないという状況にまで追い込まれているわけです。だって、逆らったら強制帰国です。自分の研修生活のすべてがパーになってしまうんですね。ですから暴力を振るわれても泣き寝入りする例が多いのです。セクシャルハラスメントになるともっと表に出てきません。ましてやセクハラが表ざたとなり、経営者が処罰を受けた事例など、ごくわずかしかありません。問題が深刻であるがゆえ、訴えることのできない女性が大勢、いるのです。それでも最近は少しずつ、勇気を出して告発する女性も増えています。

東日本のある研修生のケースについてお話します。

彼女は木工所に配属されたのですが、与えられた仕事は家政婦さんのようなものだった。朝起きたら、玄関に水をまき、家の中を掃除して、洗濯して。そんな仕事を毎日毎日繰り返させられるんです。そして、夜になると社長に乱暴されるわけです。研修生は寮に住んでいたのですが、毎晩のように、社長が合鍵を使って部屋のドアを開け、布団の中に入ってきました。研修生はそのつど拒むのですが、恐怖によって激しく抵抗することもできません。当然です、生殺与奪の権は社長が握っているのですからね。社長も、多少は自分のしていることに負い目があるのか、口封じのためかは知りませんが、一晩過ごすごとに彼女の枕もとに日本円で二万円置いておくんですね。風俗嬢扱いなんですね。こんなことが一年も続いた。しかしこんなことに耐え切れなくなった女性は、あるとき、その会社から逃げ出したんです。そして、ある女性団体が運営するシェルターに駆け込んで、ようやくこの問題が発覚したわけです。ちなみにこのセクハラ社長、地元の県議なのです。研修生に対して、「おれは警察との付き合いも深い」ということを何度も口にしていました。こうした人間が研修制度を利用していること自体許せない。

しかし取材していますと、このようなケースが本当に多いんですね。しかもセクハラの場合、多くの女性が泣き寝入りしています。「恥ずかしいから表に出したくない」と言うのですね。

一次受入れ団体の「あり方」にも一言。多くの場合、協同組合が一次受け入れの役割を担っています。協同組合って何なのか。もともと協同組合はロバート・オーエンが提唱したユートピア主義に基づいてできた組織です。競争よりも共生を目的とした、そのための組織形態であったわけですけれども、研修生を受け入れている団体には、そのような理念はどこにもない。単なるブローカー業務に血道を上げているわけです。一時受入れ団体に対する行政の規制が必要ではないかと思っています。

それから、先ほどローカルユニオンの荒木さんからもお話がありました、暴力団や、アングラな組織が研修制度に関わってくるという問題について。

最近では、暴力団とのかかわりを匂わせるある団体が、研修生受入れ企業を回って、「労働行政やマスコミ、労組から守ってやる」などと言いながら、会費を徴収する事例があります。岐阜県で起きているケースだと、組織への入会金として三〇〇万円も取っているわけです。これさえ払えば、労基署も労組も抑えることができると、そんなセールストークで、勧誘活動がおこなわれている。常識的に考えれば、詐欺そのものじゃないですか。いまどき暴力団が出てきたところで、何の役にも立ちません。みなさん、相手が暴力団関係者だからといって、団体交渉をあきらめたりはしませんよね。そんなことは常識なのに、三〇〇万円を払ってしまう経営者が少なくないのです。つまり、そこまで経営者も追い詰められているんですね。こんなワケのわからない組織にミカジメ料を払わなければならないほど、経営者も崖っぷちに立たされている。もう、研修制度が末期症状にあるという証拠ですよ。

いま、少しずつではありますが、声を上げる研修生・実習生が増えています。今日、会場に来ていらっしゃる実習生もそうですね。泣き寝入りせずに、労働行政や労働組合に駆け込む人も出てきました。そうしたなかで、経営者は追い込まれています。制度自体も、行き詰っている。制度の改正案とか、見直し案が出ていますが、もうとてもじゃない、追いつけないくらいに、この制度、ガタガタに土台が緩んでいる。この状況で、これから先どうなるのか。

おそらく今日ここにいらっしゃる方すべてが、やはり、外国人研修・技能実習制度の問題は、最終的には、外国人労働者と一緒にどうやって生きていくのかという問題に行き着くのだということを感じているのだと思います。

寺間さんがいみじくも、「多文化共生」と言われました。私も最近「多文化共生」という言葉について、ある外国人からこういう話を聞きました。日本人は、事あるごとに「多文化共生」というけれども、今日本で行われている「多文化共生事業」というのは、「他文化強制事業」ではないかと。つまり、日本の文化を無理やり強いる。同化政策が日本の「多文化共生政策」じゃないかと、その外国人は指摘したわけです。

理想を言います。本当の「多文化共生」とは、他者を認める、他者を認知し他者の生き方を認める。そうしたものではないかと思うのです。本当の「多文化共生」を根付かせるためには、外国人労働者とともに歩んでいく、新しい日本の在り方、つまり「移民」という概念を求めることによって、僕は新しい日本ができるんじゃないかな、という気がいたします。このようなことを、これからもみなさんと一緒に考えていくことができたら嬉しく思います。

寺内　私ども弁護士は、目の前の被害者を救済する、彼女たちの権利を回復するというのが最大の使命であります。その意味では、一刻も早く彼女たちの権利を回復するために、全力を上げたいと思っております。同時に、お話を聞けば聞くほど、これは、たまたま変な使用者にあたったとか、という問題ではない。やはり制度そのものの問題であるということが、よく分かってきます。今日、シンポジウムで、本当にこの問題を窓口にして、外国人労働者の問題について、どういうふうに考えていくのか、重要なヒントをいくつかいただいたと思います。ご参加のみなさんと一緒に、今後ともこの問題を見つめて行動していきたいと思います。

シンポジウムを終えて——弁護士は「外国人」といかに向き合うか——

寺内　大介（弁護士、中国人技能実習生訴訟弁護団団長）

唐突な出会い　中国人研修・技能実習生との出会いは、唐突だった。二〇〇七年夏、熊本中央法律事務所の定例の弁護士会議の際、労働組合から中国人についての相談があるとのことで、私たちは、外国人問題のイロハも知らないまま、中国から来た研修生・技能実習生と向き合うことになった。

出会いは案外そんなものかもしれない。

現代の女工哀史　天草の縫製工場で「働いて」いた若い女性たちは、時給三〇〇円という最低賃金法を大きく下回る条件での労働を余儀なくされていた。

休みもろくに与えられず、パスポートも預金通帳も印鑑も取り上げられ、まさに、現代の女工哀史であった。

私たちと彼女たちとの出会いは偶然であったが、彼女たちが労働組合に駆け込み声を上げたのは、いわば制度が生み出した必然であったといえる。

「私たちは農具じゃない」　外国人問題に不案内な私たちが、彼女たちの代理人として訴訟を提起すると、今度は、阿蘇の農家で「働いて」いた若い女性たちが駆け込んできた。

夏はトマト、冬はイチゴ。「研修」生のはずが休みもない。熱中症になっても病院にも行けない。「代わりはいくらでもいる。嫌なら中国に帰れ」。保証金の没収を恐れる彼女たちが帰れるはずもないことを重々知りながらの脅迫。

縫製工場と全く同じ人権侵害の数々。

やはり、制度自体が生み出した人権侵害といわざるを得ない。

法の間隙の策出　「研修生は労働者ではない。したがって、労働法規は適用されない」。これが研修生を労働者ではなく道具として扱う正当化の論理であった。

一方で、外国人の単純労働を拒否しつつ、他方で、安い労働力を使いたいという企業の要請に応えるものとして、研修・技能実習という制度が存在する。

「研修」の名の下に労働法規を排除するという国の政策にほかならず、法の間隙を国自ら策出してきたというほかない。

少し前に、研修医が過労自殺した事件で労働者性が認められ、話題になったが、働かせ方を規律するのが労働法規である以上、呼び名が研修生かどうかは関係ない。

山が動き出した　政府は、二〇〇八年三月二五日、規制改革会議の答申をふまえ、研修生の実務研修に対して労働法上の保護が受けられるようにすべきとの閣議決定をした。

　彼女たちの叫び声がようやく政府に届き始めたといえる。

　二〇〇九年初頭には、彼女たちの肉声が、熊本地方裁判所の大法廷に響き渡る。今なお横行する不正行為の数々を是正させるうえで、厳正なる司法判断が待ち望まれている。

労働者を粗末にする企業・国に未来はない　私が弁

護士一年目に出会った事件に、濱田重工リストラ事件がある。新日鉄の下請会社で雇用調整のための転勤辞令を拒否したために、集団で懲戒解雇されたという事件であった。そのとき、解雇された労働者の一人が、解雇撤回闘争の最中、「今はただ働きたい」と語っていたのを思い出す。今回の技能実習生の彼女たちは、入国管理法の制約から、特定の受入れ機関でなければ働けない。労働法規を遵守している企業が少ないこともあり、彼女たちは働きたくても働けない。

そうした彼女たちの立場につけこみ、彼女たちを道具として利用する企業、これを推進する国に未来はないのではないか。

そしてわが祖国ニッポン　日本に入ってくる労働者は、どうしても日本に来なければならない状況が母国にあるのだろう。他方、日本の労働者にとっても、解決しなければならない問題は山積している。

しかし、ボーダレスの時代と言われて久しい今日、人種差別ともいうべき制度を放置しておくわけにはいかない。

今回のシンポジウムは、まさに手探りの企画であったが、準備段階も含め、ジャーナリスト、労働組合、学者、弁護士、そして市民がそれぞれの役割を果たすべく責任を自覚した場ではなかったかと思う。

二〇〇八年六月一日、全国で外国人研修生問題に取り組む弁護士たちが全国連絡会を結成したのは、その端的なあらわれといえる。

弁護士は、外国人といかに向き合うか　外国人労働者をどう受け入れていくかは、国策の問題であり、弁護士の業務外ともいえる。しかし、現に進行している外国人への人権侵害に対して、外国人とともに闘うことはできる。

弁護士を必要とする人が目の前にいる限り、国籍の如何を問わず、被害者に寄り添っていくのが弁護士の使命とすれば、彼女たちとの唐突な出会いを大切にするほかない。

「外国」から来た彼女たちが私たちに投げかけたテーマは、奥深く、しかし、緊詰の課題といえよう。

第2部　裁判に立ちあがる

裁判の継続に立ちはだかる在留資格の更新問題

中島　眞一郎（コムスタカ―外国人と共に生きる会）

私は、熊本市中心部にある手取カトリック教会を連絡先として、在住外国人のための無料人権相談や支援活動を民間のボランティア団体（ＮＧＯ）として担っている「コムスタカ―外国人と共に生きる会」の相談員をしています。

二〇〇八年二月から三月にかけて、熊本の地域労組ローカルユニオンに保護されている中国人女性技能実習生、縫製（三名）と農業（三名）の六名の在留資格の更新について相談と依頼がありました。技能実習生、弁護団、支援団体等から事情を聞き、これまで実習生らの在留資格の更新の支援をしてきました。

●研修生・技能実習生への従来の入管の在留資格の取扱い

実習生らは、一年目は研修生として「研修」の在留資格ですが、二年目に技能実習生に移行してからは、「特定活動」（在留期間一年）の在留資格で、在留しています。技能実習が特に問題なく行われている場合には、技能実習生は、第一次受入れ機関を通じて派遣された第二次受入れ機関となる企業で実習をおこなう目的で在留しているので、第二次受入れ機関である企業や農家が用意した住居で暮らすことになります。もし、入国管理局に届けられている住所地を無断で離れ、連絡が取れなくなったときは、「失踪者」となり、在留資格の有効期間内でも、「不法」状態となります。

また、在留資格の有効期間内でも第二次受入れ企業が倒産した場合、あるいは、入国管理が「不正行為」認定を行い、受入れ事業の三年間の停止等の処分をした場合で、技能実習の許可条件に適合する他の受入れ企業・農家が見つからない場合には、入国管理局は、技能実習生を帰国させる取扱いをおこなっていました。そして技能実習生が、在留期間の更新時期を迎えた場合にも、入国管理局は、他の実習先が見つからない場合には、原則として在留資格の更新を認めず、帰国させる取扱いをおこなっていました。

但し、彼女ら実習生らのように、第一次受入れ機関及び第二次受入れ機関が、「不正行為」をおこない、法令違反があるとして、実習先から逃げてきて、労働組合やＮＧＯに助けを求めて保護されてきた場合には、入国管理局は、例外的に、届出先住所地から移動していても、保護している団体など連絡先を明らかにしておくことで、問題解決まで「不法状態」として取り扱わず、実習生の在留期間内までは在留を認める取扱いを行ってきました。また、問題解決が長引き、在留期限が迫り、在留資格の更新を申請した場合には、一部には例外的に「短期滞在」（在留期間九〇日）に在留資格を更新して問題解決まで更新を繰り返すことを認める場合もありますが、その多くは帰国させられており、その取扱いは不透明でした。

●福岡入管に在留資格更新を申請

二〇〇八年三月二六日、実習生らの在留資格の更新の相談と、受入れ企業・団体らの「不正認定」のための実習生からの事情聴取のために福岡入国管理局（入管）へ行きました。彼女らの在留資格の更新問題について、福岡入管の審査官は、「技能実習生の在留資格『特定活動』は、実習目的で在留を認めるものであり、裁判のためという在留目的の在留資格は設けられていないので、その更新は困難であるが、仮に受入れ機関の『不正行為』による実習継続ができなくなった場合には、他の受入れ機関への移籍が可能であれば、更新を検討することができる。また、研修・技能実習生の権利救済のための在留についてどう取り扱うかは、今後の検討課題である」という回答でした。

これらの福岡入管の回答をへて、四月中旬福岡入管熊本出張所へ、在留期限が迫っている縫製二名と農業三名の在留資格「特定活動」（在留期間の更新一年）を申請し受理されました（在留期限が同年七月となっていた縫製の実習生一名についても、六月に同様な更新申請をおこないました）。縫製の実習生については、未定だが移籍先を探していることを理由に、また農業の実習生について受入れ先農家を指定して申請していました。

●申請後の入管の対応

五月下旬の時点で、移籍先の企業が見つかっていない縫製の申請者二名の申請は「不許可」処分となる可能性が強まっていました。しかし、縫製の実習生について五月下旬に行われる予定の入管からの「事情聴取」が突然延期され、申請者の扱いは、二〇〇八年一一月現在「保留」状態のままとなっています。

また、農業の三名の実習生について、熊本県内で一次受入れ機関の認可のある団体を見つけ、その加盟農家を二次受入れ機関として申請しましたが、入管職員による現地調査が行われ、実習生の来日時の実習目的である「トマト」栽培が行われていないとして、不許可となりかけました。急遽、熊本県内のトマト栽培農家で二名の農業の技能実習生を受け入れてもよいという農家を探し、三名のうち二名について二〇〇八年六月に実習先を変更する申請を提出しました。

●二名の農業実習生に「特定活動」の在留資格の変更が許可される

この二名の農業の実習生については、同年七月には、入管職員の受入れ先農家の調査がおこなわれ、同年八月二五日に「特定活動」(在留期間一年)の在留資格が許可されました。入管から許可のスタンプが押された旅券に添付された指定書では、「下記機関において、二〇〇八年八月二五日から二〇〇九年四月一九日まで、研修の在留資格の下で習得した技術、技能または知識を習熟するため同機関との雇用契約に基づき、当該技術等に係る同機関の業務に従事する活動」と書かれていました。技能実習生を実習先から保護し、第一次受入れ機関や第二次受入れ機関である農家を相手に訴訟しているケースで、NGOが独自の第一次受入れ機関や第二次受入れ機関である農家をみつけて、入管に在留資格の変更（技能実習先の変更）申請を行って入管が認めた全国最初のケースだと思います。

●入管行政の到達点

実習生らは、技能実習を継続できなかったことについて何らの責任はなく、その責任は、労働基準法など労働関連法規を守らず、最低賃金以下の賃金で、長時間働かせてきた受入れ企業、及び受入れ機関の「不正行為」や「不法行為」によるものです。これまで、研修生や技能実習生が、労働基準局に通報したり、NGOや労働組合に助けを求めたりして、深刻な人権侵害状態に置かれていることが明らかになったケースでも、受入れ機関の多くが、研修生・実習生をすぐに帰国させて、問題が顕在化することを阻む対応をしてきました。

入国管理局も、他の受入れ団体・企業などに移籍ができない研修生・実習生について、原則として帰国させる運用をおこなうことで、在留資格制度の制約が、研修生・技能実習生の権利救済を困難にする結果をもたらしていました。

熊本県内の訴訟継続中の縫製の実習生三名と農業の一名の実習生については、二〇〇八年四月の申請から「審査中」の状態が続いていることで、実質的には入管が日本に在留しながら裁判を継続できるように配慮している結果となっています。また、移籍先農家が見つかった二名の農業実習生については、二〇〇九年四月まで、技能実習を継続しながら裁判を担えることになりました。

法務省入国管理局も、受入れ機関の「不正行為」などにより、研修や技能実習が継続できなくなった研修生・実習生に対して、権利救済に必要な期間中「特定活動」（在留資格一年）の更新を認めるところまでは至っていませんが、これまでのように直ちに帰国させるのではなく、権利救済のためにできる限り保護していく方向へ、入管行政は変化しようとしています。

●さいごに――「コムスタカ―外国人と共に生きる会」について

一九八五年六月に「売春」強要や賃金未払いなど契約違反で逃げてきた、「興行」の在留資格で働きに来ていたフィリピン女性らを救援した事件がきっかけとなり、コムスタカの前身にあたる「滞日アジア女性問題を考える会」が、キリスト者や市民の手で、一九八五年九月に結成されました。その後、相談者の多国籍化や内容の多岐化により、一九九三年に「コムスタカ―外国人と共に生きる会」に改称されて現在に至っています（「コムスタカ」はフィリピーノ語で「お元気ですか？」を意味します）。在住外国人からの相談は、移住女性からのものが多く、国籍別ではフィリピン人や中国人からの相談が多いのですが、現在では国籍も多様化し、労働・結婚・離婚・子どもの権利・教育・相続など内容も多岐に渡ります。

在留外国人からの相談の特色は、日本人からの人権相談と異なり、在留資格制度に関連する相談が多いことです。これまで二〇年以上の活動経験のなかで、入国管理局との在留資格の更新、変更問題、在留資格のない外国人の在留特別許可取得、上陸拒否事由者の上陸特別許可などの相談を多く経験し、日本での定住を希望する外国人配偶者や家族などが原告となり法務大臣などを被告とする退去強制令書発付処分の取消請求等行政訴訟の支援活動も担っています。

また、研修生からの相談もあります。特に、一九九三年八月に、熊本県国際農業交流協会が受入れ団体として、熊本県内で農業研修生として研修していたフィリピン人研修生二八名が、「この制度は研修目的ではなく、労働目的でしかない」として手取カトリック教会へ逃げてきた事件や、その事件後三年間の受入れ事業の停止後に再開された研修事業で来日したタイ人農業研修生たちが、「研修がなく、労働でしかない」として途中帰国した事件の取組みもあります。

二〇〇八年七月末に熊本県玉名市横島の縫製企業で働く中国人女性技能実習生一二名を保護した事件は、約二ヵ月かかりましたが、「違法・不正行為をしていたことを認め、実習生らへの謝罪と、未払い賃金や残業代などの支払い、今後の適法な活動を行うことを約束する」内容の受入れ企業との示談書、第一次受入れ団体、中国側送出機関との協定書を締結して解決に至りました。

外国人研修生たちの相談に労働組合はどう対応するか

楳本　光男（熊本県労連事務局長）

1　まず外国人研修・技能実習制度の問題を知ろう

外国人研修生たちが労働組合の事務所に助けを求めてかけこんできたら、あなたならどう対応しますか。彼女ら（彼ら）にアドバイスをしようにも、とにもかくにも、まずは制度の問題について全体像を理解しなければなりません。この間、「外国人研修・技能実習制度」の問題を真正面から告発した書籍や記事はすでに多く存在します。本書でもその問題については触れていますが、実態を把握する上で、ぜひつぎのような本を手に入れて読み込んでいただきたいと思います。その上で、実際の相談に対応することをお勧めします。

外国人研修生問題ネットワーク編『外国人研修生　時給三〇〇円の労働者』明石書店、二〇〇六年。

安田浩一『外国人研修生殺人事件』七つ森書館、二〇〇七年。

風間直樹『雇用融解』東洋経済新報社、二〇〇七年。

『経済』二〇〇七年一二月号（一四七号）〈特集　外国人労働者と日本〉、新日本出版社。

『週刊東洋経済』二〇〇六年九月一六日号（六〇四一号）「COVER STORY 日本版ワーキングプア——働いても貧しい人たち」、東洋経済新報社。

『週刊東洋経済』二〇〇八年五月一七日号（六一四二号）「不正行為続出で移民論議が本格化」、東洋経済新報社。

『ジュリスト』一三五〇号（二〇〇八年二月一五日）〈特集　外国人労働者をめぐる諸問題〉、有斐閣。

日本労働法学会編『日本労働法学会誌』一一二号（二〇〇八年一〇月）〈シンポジウムⅡ　外国人の研修・技能実習制度の法律問題〉、法律文化社。


『外国人研修生殺人事件』の著者の安田浩一さんは、今回のシンポジストの一人です。そして、研修生・実習生のもっとも多い街、トヨタに翻弄される街＝愛知県のベトナム人研修生問題に対応する中で得た、現状における最新情報や、送り出し国の情報にまで踏み込んだ情報を満載した書籍が、二〇〇八年一一月に発行されました。書いたのは、私たちの仲間、愛知労連の事務局長である榑松《くれまつ》佐一さんです。対応のノウハウや心構えといったものは、この書籍を読んでいただければ、すべて把握できると思います。ぜひ、読んでみてください。

榑松佐一『トヨタの足元で――ベトナム人研修生・奪われた人権』風媒社、二〇〇八年。

2　基本的な留意事項

熊本で中国人実習生たちの相談を受けた中で、感じたことについて若干触れておきたいと思います。

●通訳の確保

制度を利用している研修生・実習生は、基本的には出国前に母国で日本語の教育を受け、基本的会話はできることが前提となっています。企業単独型の受け入れなど、実際にきちんと教育を受けて来日しているような研修生・実習生たちも多数います。しかし、労働組合やＮＰＯなどに助けを求めてくるような研修生・実習生たちは、縫製業や農業など、制度を悪用している企業や農家で働かされている研修生・実習生たちであり、彼ら彼女らは、充分な語学教育など受けないまま来日し、来日後も、まともな教育は受けていないのが実態です。したがって、相談に来る研修生・実習生は、そのほとんどがカタコトの日本語しか話せないと考えておくべきです。ですから、中国語（母国語）の通訳は必須です。裁判までするならばなおさらです。大学のつながり、国際交流センターとの連携など、日常的なつながりを大切にし、いつでもボランティアで通訳してくれる人材を確保しておくことがベストです。

来日している研修生・実習生の内訳は、八〇％が中国人、あとは、インドネシア人、ベトナム人、フィリピン人がそれぞれ五％といったところです。したがって、労働組合は、中国語を話せる人を日常的に確保しておくことをお勧めします。愛知県など、トヨタの傘下の企業では、多くのベトナム人研修生・実習生が働いており、それぞれの土地柄による特徴もあるので、都道府県の労働局に問い合わせをし、どこの国からの研修生・実習生がどれだけ自分の県に働きに来ているかを、事前に把握しておくことも重要です。

しかし現実には、相談は突然やってくるものです。最初の相談は、カタコトを頼りに受けざるを得ません。相談の中身は、「お金の問題＝未払い賃金の問題」か「働かせ方の問題＝強制労働の問題」にほぼ集約されます。熊本の事件が裁判になり、問題が大きく表面化したことにより、各地の労働局が指導強化の方向に動き出しているため、処遇の改善は進んでいますが、「月六万円程度の賃金で、残業時給三〇〇円程度。強制貯金で預金通帳とパスポートを社長が取り上げ」というのが全国的に共通する問題点の中身です。また、一年目の研修生の問題は労働局の管轄外ということで、経営者がそれを悪用し、実習生の処遇は改善するけれども、研修生の処遇は逆に下げるというようなケースも出てくることが予想されます。労働時間は、縫製業の場合は特にひどく、連日夜一〇時、一一時は当たり前、ひどい時は明け方の三時までというのもざらで、休みも月に一、二回というのが一般的です。その辺の実態の特徴をつかんだ上で、相談の中身を引き出すことです。

●携帯電話の威力

実際に事例を扱って痛感するのは、携帯電話の威力です。

研修生・実習生たちは、オーバーな表現ではなく「奴隷労働」を強いられています。中国の派遣会社との契約の中には、労働組合との接触など、外部との接触などを禁じているため、携帯電話の所持そのものが許されていません。そのように、寮に住まわされ、外部との接触も規制されている中で、救いを求めて労働組合に相談に来ているわけですから、強制帰国させられる危険性があるならば、まず、保護をする必要があります。

その場合、本人たちとの連絡の手段において、携帯電話が絶対的に必要な道具だと痛感します。熊本の例でも、最初に相談を受けた中国人女性が機転を利かせ、自分の携帯電話を与えてくれたことによって、その後の、社長に気づかれない秘密裏の連絡を可能にしてくれました。保護する時にも、大活躍でした。当然、本人たちが初めて使う場合には、マナーモードでの使用の徹底。できれば話さなくてすむメールの使用方法までマスターできるのがベストだと思います。

●入管指針の有効活用

入管行政の到達点については、前掲の中島眞一郎氏の稿をお読みいただければ、詳細にお分かりいただけると思いますが、「入管指針」（法務省入国管理局「研修生及び技能実習生の入国・在留管理に関する指針」）が二〇〇七年一二月に改訂されて、外国人研修・技能実習生受入れの際の不正行為が具体的に類型化され、またそうした場合の研修・技能実習生への対応も、それまで原則「帰国」とされていたものが、新たな受入れ先を探す必要があるとするなど、大幅な改善がありました。この改訂と今日までの経過の中で、入管当局の姿勢が確実に改善されてきていることを、私たちは実感しています。今後、研修・実習生たちの相談に応じる上で、この改訂指針の内容はぜひとも踏まえるべきと感じますので、巻末に資料として紹介します。ちなみに前回の指針改訂は一九九九年でしたので、八年間入管行政は「（強制）帰国指導」を続けてきたことになります。

3 労働組合で解決することの意味——憲法と戦後労働法を活かす——

労働組合として外国人研修生の問題に取り組む意味をどう考えるか。熊本では地域ユニオンであるローカルユニオン熊本を、ある意味「無理やり」始動させて対応しました。そしてまずは彼女たちに労働組合に入ってもらうことからはじめました。

労働組合が、憲法二八条〈勤労者の団結権、団体交渉権〉に規定された組織であること。したがって、労働組合に入ることによって、憲法とそれに基づいてつくられた労働組合法によって、法律が守ってくれることになることをはっきりと研修生たちに理解してもらうことが大事です（このことは、無権利状態におかれた多くの日本人の派遣労働者にもいえることだと思います）。そして、組織の運営は、組合員の組合費で賄われていることもはっきりと伝え、組合員としての権利と義務の関係も理解してもらうことが必要です。

もちろん、収入のない彼女らから組合費が取れるはずはありません。熊本では彼女らの生活を支えるために「中国人実習生を守る会」を結成しましたが、組織の基本を理解してもらうことは、その後の生活を支えるカンパ活動の意味や、彼女が出会うことになる多くの「組織」や「ひと」との関係を理解する上でも、大切なことだと考えます。

熊本裁判の結論はまだ先ですが、国も政府も担当機関も、この制度に関わるすべての人が「人権侵害の存在」と「制度の欠陥」を認めている、あるいは認めざるを得ない状態にあるこの問題に対する裁判の結果は、彼女らはもちろん、われわれ日本人の期待を裏切るものであってはならないと思います。

研修生弁連を設立

——外国人研修生・技能実習生という「奴隷」を生み出さない社会をめざして——

小野寺　信勝（弁護士、研修生弁連共同代表）

二〇〇八年六月一日、外国人研修生問題弁護士連絡会（以下「研修生弁連」という）が発足した。研修生弁連は、①全国規模での弁護士の情報交換、②研修生への法的支援、③政策提言を活動目標に据え、現在、約六〇名の会員弁護士が外国人研修生・技能実習生からの相談や訴訟活動等にあたっている。

1　外国人研修・技能実習制度の現状と実態

一九九三年に現在の枠組みとなって以来、外国人研修・技能実習制度を利用した外国人の受入れ人数は年々増加を続けている。二〇〇七年における在留資格「研修」の新規入国者数は約一〇万二〇〇〇人、技能実習への移行者は約六万人、技能実習中の者は一〇万人近くにも上り、合計約二〇万人もの研修生・技能実習生が日本に在留している。

その一方で、研修期間からの長時間労働、最低賃金を下回る賃金、旅券の取り上げ、強制貯金、暴力、性的暴行などの違法労働・人権侵害も数多く発覚している。二〇〇七年度に、所定時間外作業や労働関係法規違反によって法務省から不正行為認定を受けた受入れ機関数は四四九件にのぼっている。また、二〇〇六年に労働基準監督機関から違反事業場とされた事業場は一二〇九件、監督指導件数は一六三三件と著しい増加をみせている。

しかしながら、これらの件数は氷山の一角であり、被害の全容を捉えているということは到底できない。実際に研修生・実習生からの相談に携わっていると、最低賃金を大幅に下回る賃金、強制貯金、旅券の取り上げといった事件は枚挙に暇がない。なかには、毎日、平均して午前八時から翌午前三時まで働かされ、休憩時間は一食につき一〇分程度、休日は月一、二日、「賃金」は完全出来高制で約四万円から九万円というような深刻な被害もある。熊本の縫製実習生や農業実習生を原告とした訴訟は、全国的に見れば決して珍しい事件ではなく、どこにでもある平凡な事件だと言うことができる。外国人研修・技能実習制度は「違法労働の常態化」であると言っても過言ではなく、もはや末期症状にある。

2　具体的事件

外国人研修・技能実習生の実態を理解するため、研修生弁連会員の弁護士が研修生側代理人となって訴訟活動を行っている事件をいくつか紹介したい。

(1) 川崎中国人研修生訴訟（神奈川県）

二〇〇五年三月に研修生として来日した中国人実習生二名は、受入れ機関である左官業者より、法律上禁止されている時間外労働・休日労働を研修期間中から課され、毎月賃金のうち二万円を強制貯金させられていた。また、日本語の勉強のために日記を書くよう指示されていたが、労働実態を隠すために仕事の内容を書くことは禁じられ、仕事内容を日記に書くと、激怒され、髪をわしづかみにして振り回されるなどの暴行を振われていた。実習生らは、労働組合に加入し、一人あたり二〇〇万円以上の未払賃金・残業代の支払いを求めて団体交渉をしていたが、交渉は決裂し、左官業者から中国人実習生二名に時間外労働の不存在確認訴訟が提起された。これに対し、実習生らが会社に未払賃金の支払いを求めて反訴を提起した（現在も訴訟継続中）。

(2) 中国人技能実習生残業代請求事件（岐阜県）

二〇〇五年に、岐阜県内の縫製関係各社に研修生として来日した中国人実習生四名は、研修、実習先とは異なる企業での勤務を命じられたり、残業代が時給三〇〇円という最低賃金を大幅に下回る低賃金で働かされ続けてきた。また、手当や賃金の大半は半ば強制的に貯金させられ、生活費としてのわずかな金額しか受け取ることはできなかった。さらには、パスポートや外国人登録証までも取り上げられ、逃亡することも不可能な状況におかれていた。実習生四名は、労働組合に加入し、団体交渉によって未払賃金等の支払いを求めたが、会社が支払いを拒否したため、岐阜地方裁判所に未払賃金等の支払いを求め労働審判を申立てた。会社は、「研修生は労働者ではない」として研修期間中の残業代支払義務を争ったが、調停では、研修期間中の残業代支払義務があることを前提とした和解が成立した。

⑶　中国人実習生損害賠償請求訴訟（長野県）

二〇〇七年八月に、煉瓦切断機で左手親指を切断した中国人技能実習生の男性が、長野県と富山県の受入れ機関二社に対して損害賠償請求訴訟を提起した。男性は住宅建築現場で煉瓦を切断する作業に従事していたが、会社からは安全メガネの支給や切断機の取扱方法等の説明は一切なく、現場監督者もいなかった。さらに、いわゆる「飛ばし」として研修受入れ機関以外の会社に二重派遣をさせられていた（現在も訴訟継続中）。

3　外国人研修・技能実習制度の廃止を含めた抜本的見直しを

制度の深刻な実態を受け、二〇〇七年六月二二日に「規制改革推進のための三か年計画」が採択され、遅くとも二〇〇九年度通常国会までに関係法案を提出することが閣議決定された。この決定を受けて、関係省庁や経済団体等は制度の見直し案を相次いで表明し、現在、制度の改正に向けての協議が進められている。

しかし、各省庁の思惑も絡まり、見直し案の中には、現行制度を維持するものや現行制度をわずかに手直しするだけのものなど、研修生・実習生への違法労働・人権侵害を是正できるためのものとは到底言えないものも数多くある。研修弁連としての政策提言はまだ正式に発表していないため、あくまで私見ではあるが、少なくとも以下の点において早急な制度改正が必要であると考える。

(1) 団体管理型の受け入れを廃止すること

研修生・技能実習生への違法労働・人権侵害の多くは、団体管理型のもとで起きている。そもそも団体管理型を利用した受入れ機関のほとんどは中小零細企業であり、その多くが、国際貢献ではなく「安価な労働力」の獲得手段として制度を利用している。制度の建前と実態はあまりに乖離しており、研修生・技能実習生への違法労働・人権侵害の温床となっている。

(2) 送り出し機関による保証金の徴収、没収や違約金契約の締結の禁止、ならびに送り出し機関との間での日本の法律に違反する内容の契約の締結の禁止研修生の多くは、母国の送り出し機関に高額の保証金を納め、さらに、官公庁に保護を求めたり、訴訟や労働組合への加入した場合に高額の違約金を支払うという契約を締結している。また、入管に提出する「表の契約書」のほかに「裏の契約書」を結び、日本の最低賃金法に違反する賃金での契約を締結している。こうした送り出し機関との間の契約が、被害申告をしたくてもその口を塞ぎ、研修生を泣き寝入りせざるを得ない状況へと追い込んでいる。

(3) ＪＩＴＣＯに代わる新たな監督機関の創設

現在の研修・技能実習制度は、厚労省、法務省、経済産業省などの複数省庁にまたがっており、関係省庁は、その運営の一切を、財団法人国際研修協力機構（ＪＩＴＣＯ）に委ねている。しかし、実際のところＪＩＴＣＯの指導・監督機能は全くといっていいほど果たされていない。ＪＩＴＣＯは、あくまで受入れ機関に指導・助言をする民間団体にすぎないとの立場を主張し、指導・助言義務を否定している。また、ＪＩＴＣＯが実際に調査・指導するにしてもその人員は不十分であり、受入れ機関に事前に連絡してから訪問するなど調査方法にも問題がある。このように、関係省庁はＪＩＴＣＯに責任を転嫁し、ＪＩＴＣＯは指導監督義務を否定しており、研修・技能実習制度は責任を持つ監督機関が不在という極めて異常な状況にある。国は直ちにＪＩＴＣＯを廃止し、法的な調査・指導権限をもった新たな監督機関を創設すべきである。

さいごに

日本経済が研修生・実習生を含めた外国人労働者によって下支えされているという側面は否定できないことから、受け入れ自体を避けて通ることはできないであろう。しかし、どのような制度であるにせよ、特定の労働者層の犠牲のうえに成り立つ労働政策や経済政策は決して許されるものではない。研修生・技能実習生の人権侵害をいかに防ぐことができるのかという観点を第一に据え、実効的な制度改正をなすことが、まさに今、求められている。

私も応援

二〇〇八年一一月二八日、熊本地裁農業実習生第三回口頭弁論門前集会での「支援あいさつ」から

家族経営が成り立つ農業を

紺屋本　稔（農民運動熊本県連合会・会長）

私は、八代でトマトを栽培する農家ですが、私の知人のハウス農家にも、幾人かの中国人研修生の姿を見ることができます。特に、規模の大きいハウス農家には、今や必要不可欠な存在となっているようです。

これは、本来の研修制度のあり方から逸脱し、安易な安い労働力として受け入れると言う側面があるからではないでしょうか。

今日の農産物価格の低迷は、ますます生産者を規模拡大に向かわせ、家族労働で賄える規模では経営が成り立たず、やむを得ず雇用に頼る傾向があります。ところが、今の農家は、きつくて汚れる労働に見合う報酬を求める日本人のパートさんを雇用することが困難な状況にあります。

今回の問題もこのような背景があることも皆さんに知っていただきたいと思います。私の知る多くの研修生受入れ農家は、若い研修生に自分の子どものように優しく接し、一緒に汗を流しています。しかし、今回の問題のような農家が存在するという事は、同じ農家を営むものとして、とても残念でなりません。

私たちは、農業における研修生制度が正しく理解され、家族経営が成り立つように農産物の価格保障や所得保障を求めて、今後も運動を進めて行きたいと考えています。皆さんの奮闘に敬意を表し、連帯の挨拶とします。

三つのカエルをめざして

櫻木由香里（熊本大学法学部三年）

私が外国人研修・技能実習制度について知ったのは高校生の時でした。地元の福岡県でも中国人実習生が同じように過酷な労働を強いられていたのです。「台風の日が一番嬉しい」という実習生の言葉が一番印象に残っています。台風の日くらいしか休みはなく、朝早くから深夜まで働かされ、一ヵ月の収入は二万円という驚くべきものでした。その話を聞いたときに自分が力になれることはないかと考えました。しかし、実際何もすることができぬまま彼女たちは中国に帰国しました。

●日本人として恥ずかしい

二〇〇八年の七月、大学で行われた小野寺弁護士による講義で、裁判を起こしている中国人実習生の生の声を聞くことができました。労働者としての待遇ではなく、劣悪な労働環境で働かされている外国人実習生が熊本にもいるということに、その時初めて気づきました。彼女たちの体験を聞いて、日本は外国人を物のように扱っているということを知り、日本人としてとても恥ずかしく感じました。と同時に、前に何もできなかった分、彼女たちのために何かできないかと考えました。

弁護士でもなければ政治家でもない私ですが、自分からコミュニケーションをとることで、異国で孤独と不安を感じている彼女たちと友達になることができました。同年代であることから私たちは話が合い、すぐに打ち解けました。彼女たちは私より何倍も明るく元気で、逆にこちらがパワーをもらいました。

日本で働くために、実習生はみな家族や親戚に多額の借金をしています。それは、彼女たちが日本にそれほどの大きな期待と希望を持っていたからです。その期待を裏切ってしまったことは許されることではありません。

●三つのカエルを

私は彼女たちと一緒に二つのことを訴えたいと思います。一つ目は、実習生を「労働者」として認めること、もう一つは、中国に安心して帰国させることです。労働基準法の適用を受けることで未払い賃金がカエル（返る）、そしてその後、中国に無事カエル（帰る）、という二つのカエルを望んでいます。

更に、カエルものがもう一つ、外国人研修・技能実習制度を外国人の権利を約束するものにカエル（変える）ということです。外国人実習生に対する日本の制度は不十分だと思います。グローバル化と日本の労働者不足により、実質は労働者として日本にくる外国人がこれからもっと増えることは間違えありません。しかし現行の制度のままでは、本来の趣旨を逸脱した運用が行われ、日本は外国人の人権を軽視した国、というレッテルを貼られるのではないかと危惧します。

ただ、私にとって、日本に対する評価が下がることが一番の問題ではありません。裁判を起こすところまで追い込んでしまった今となっては、彼女たちを救うことが第一です。彼女たちの背中には、同じような労働環境で働く全国の外国人実習生がいます。裁判を起こすことができない実習生の分まで彼女たちは頑張っています。

裁判が、実習生の想いを無駄にするようなものになってはなりません。これ以上彼女たちを傷つけないでください。

同じ年代の私たち学生は、最近できた大事な友を心から応援しています。そしてこれからも三つのカエルをめざして一緒に頑張っていきます。

第3部

【寄稿】外国人労働者の受入れをどう考えるか

シンポジウムをふまえて、〈今後の日本の労働市場を見据えたときの「単純労働資格」での外国人労働者の受入れ問題について考えるべきこと——開国か？鎖国か？〉というテーマで四人の方に寄稿していただいた。

外国人研修生制度の闇

鎌田　慧（ルポライター）

●ヤミの労働者

「外国人研修　失跡、途中帰国一万二七〇〇人」。

『東京新聞』二〇〇八年一〇月一〇日朝刊の見出しである。会計検査院の調査によれば、厚労省は、〇六、〇七年度で、「発展途上国への技術移転」を目的とした、「外国人研修・技能実習制度」による運営委託先の財団法人（この記事では、名前が特定されていない）に、約七億三千万円を支給していた。

しかし、その二年間に研修・技能生として入国した二〇万三千人のうち、受け入れ先の企業から失踪したり、途中帰国したりしたものは、一万二七〇〇人にものぼる、という。

このため、検査院は厚労省に雇用状態を把握し、効果が上がるように改善をもとめた、という記事である。しかし、二年以内に五パーセント以上のひとたちが途中で挫折する、というのは異常である。この制度では、最初の一年間は「研修」、二年目からの二年間は「技能実習」として、工場や農家などで働くことができる。

建て前としては、研修生は労働者ではない。あくまでも「研修生」である。だから、雇用契約はなく、労働基準法や最賃法の適用は受けていない。受入れ先の日本の会社は、それをいいことに、彼らを労働法が適用されない労働者、ヤミの労働者として使っている。一方の送り出し側の外国の機関もそれを承知で人を集め、実際は出稼ぎ労働者として送ってくる。おたがいの政府が、「研修」の美名の衣を纏わせた「偽装研修生」として、入管を潜り抜けさせて、入国させ、そのあと労働者として使用するのを黙認しているのである。

●突然解雇されて

わたしは、愛知県の名古屋市郊外の自動車用電機部品（プリント基板）を製造しているM社の取材にいったことがある。M社は二〇〇七年一一月に、突然、仕事が減ったとの理由で、ベトナム人九人を解雇した。それに抵抗して残っていた三人は、一年の「研修」と一年の「実習」を終え、あと一年働けるはずだった。

相談を受けた愛知県労働組合総連合（愛労連）の榑松《くれまつ》佐一事務局長は、雇用保険の手続きをしたり、ビザを更新したり、新しい職場を探したりと、大忙しだった。そのゴタゴタで、M社が「研修手当」を契約書では六万五千円だったのを、六万三千円しか支払っていなかったことが発覚して、「不正裁定処分」となった。実習生の契約を更新させないという対応だが、労働者にしてみれば、その工場で働けなくなってしまう。

工場敷地内の寮で、共同炊事で暮らしていた三人を取材していて、わたしは「ベトナムうどん」やベトナム風サラダなどをご馳走になってしまったのだが、ひとり当たり、月に食費と雑費で三万円で生活している、という。収入は残業込みで手取り一〇万円、残りは貯金している。

T君はホーチミン市（旧サイゴン市）郊外の出身で、二四歳。高校卒業後、生家のうどん屋を手伝いながら、日本に働きにくるチャンスをまっていた、という。三人のなかでは、彼がいちばん日本語ができたが、それでもカタコト程度である。

R君も二四歳で、ホーチミンに近いクチ市の出身である。ベトナム戦争当時、米軍を悩ませたクチの地下壕を見学したことがあったので、親近感があった。ふたりとも、ベトナム人らしい、小柄でほっそりした体型で、敏捷そうだ。

やや年かさのK君は、北のハノイの出身。二九歳になっているのは、高校卒業後、六年間も軍隊にはいっていたからだ。そのあと、ベトナムに進出していた韓国の会社でプレス工をしていたが、まとまったおかねがほしいので日本にやってきた。帰ったらなにか事業をやりたい、という。

三人ともに、一〇〇万円ほど貯めるつもりでやってきたのだが、二年半ほどしか働くことができず、解雇されていた期間があったりで、四〇万しか残せなかった、という。

「もっとはたらきたかった」

「また来たい」

という。会社にはひどい目にあったが、組合に救われたので、日本に悪い感情はもっていないようで、さほど暗い表情ではなかった。それをみてわたしは、ややホッとしていた。

「日本は、これだけ外国人に依存しているんだから、ちゃんとした助成機関をつくらなければ」

と榑松さんがいったのには、同感である。その後、秋になって榑松さんからメールがきた。

「鎌田さんと寮に行ったT君たちは、八月までM社で働きましたが、三月にだされた『不正』裁定のため、これ以上は滞在できず、実習期間三ヵ月を残して帰国しました。その分の補償を会社に払わせ、コクヤン（斡旋機関）には帰国後の仲介料を半額（一〇万円）にさせる約束もとりました」

T君たちはどんな気持ちで、ベトナムに帰ったのだろうか。

法務省、厚労省、経産相など五省庁官僚の天下り先である、「国際研修協力機構」（JITCO）が発行している「送出し機関の送出しマニュアル」には、

「日本の外国人研修・技能実習制度は、諸外国の青壮年労働者等を日本に受け入れて、日本の産業・職業上の技術、技能、知識の移転を通じ、それぞれの産業発展に寄与する人材育成を目的としております」

と書かれている。が、その後段には、

「しかしながら、送出し機関・派遣企業が一部において、本制度を労働者派遣と位置付け、営利目的に活用する動きがみられ、不適切な送出し事例があったり、研修生・技能実習生が一部にお

いて、技能取得の意欲に欠け、単に所得目的のみで日本に入国し、逃亡・失踪に走る事例があります。このような不適切な動向は……不法就労につながるおそれもすくなくありません」とある。会計検査院が、失跡、途中帰国が多すぎる、と指摘した「財団法人」とは、この「国際研修協力機構」のことだったのだ。が、この「送り出しマニュアル」には、受入れ側の日本企業の悪逆非道ぶりは一切指摘されていない。

悪いのは送り出す側という一方的な言い方だが、「研修生」の問題は、建て前では認められていない、「単純労働力の輸入政策」として、あくまでも日本の都合によって、一九六〇年代後半からはじめられたものである。

榑松さんの手紙には、つぎのようにも書かれている。

「一方、トヨタの生産台数激減で派遣や期間従業員の削減がたいへんな事態になっています。先日の『反貧困キャラバン』で岡崎市の福祉課に行きました。そこで派遣寮を追い出され、『派遣会社の車が荷物と一緒に労働者を捨てていった』という話を聞きました。部長が『派遣法を九九年まで戻してもらわないと』と話してくれました。豊田市でも豊明市でも生活保護担当者は派遣の問題を言っていました。」

単純化していえば、外国からの「技術移転」名目の「研修生」や「実習生」は、孫請けや零細工場、日本人の派遣労働者やパートタイマーは、その上に位置している下請けや親工場で働いている。労働構造の最底辺は、これらの階層で占められ、そのうえに、企業の直接雇用だが、期間を限定された「期間工」「有期工」がいる。

それぞれが非正規、身分不安定労働者で、景気の調整弁である。この人たちで、日本の労働人口の三分の一以上を占めている。

●二重人格国家

米国からはじまった金融不安以降、さらに企業の不安定労働者にたいする解雇が拡大されている。日本を代表する大企業でさえ、派遣労働者にたいして、「雇止め」「契約打ち切り」「再雇用中止」などの解雇を平然と実施しているのは、労働運動の弱体化にともなって、経営者にも、ことさら労働者にたいする人権意識が脆弱になってきたからだ。

アジア系労働者にたいしては、さらに差別的である。が、地域労組の協力によって、それらにたいする反撃もはじまっている。たとえば、大阪市にある大手機械メーカー「クボタ」(大阪市)では、ペルー、ブラジル、中国の外国人従業員一五人が、大阪地裁にたいして、労働者としての「地位確認」をもとめる裁判を起こしている。

この訴えは、「偽装請負を指摘されないために、有期の契約社員にさせられたのは不当」というもので、契約期間の切れる、二〇〇九年四月以降も雇用するように主張している。

訴えた一五人は一九九二年からクボタの大阪市内の工場で、請負企業の社員として働いていたが、クボタは、二〇〇七年四月、大阪労働局から、子会社の「偽装請負」を是正指導されて、五人を契約社員として直接雇用していた。その契約期間が、来年三月で打ち切られるので、地位を確認させる訴えである。

かつては、外国人の「研修・実習」は、中堅以上の企業が、独自におこなっていた。そのときでさえ、「研修」名目の低賃金労働者の「輸入」だった。ところが、九〇年から、協同組合が受入れ機関となって、会員会社へ派遣する方式が、大臣告示によって可能になり、派遣を専門にする協同組合が出現するようになる。

最近では、豊田紡織系の下請け二三社とベトナム研修生の受入れ団体である「豊田技術交流事業協同組合」が「不正裁定」を受け、労働者からの損害賠償の裁判にまでなっている。これらトヨタの部品（縫製）工場では、脱走を防ぐためにパスポートや健康保険証を取り上げて強制貯金させ、残業代は支給せず、寮費、光熱費でピンハネ、作業中にトイレに行くと一分一五円の罰金を取っていた。

研修、実習生にたいして、最賃制以下、時給五〇〇円から六〇〇円ていどの低賃金、長時間の無給残業、「寮」への詰め込み、日常生活での締めつけと罰金制、強制帰国の脅しなどの実態が、各地であきらかになっている。それらは、戦時中の中国人や朝鮮人にたいする強制連行、強制労働を想い起こさせる。

彼らは、来日するときに、送り出し機関に、百万円前後の「保証金」を取られているので、途中で帰国したら甚大な損害になる。それで、非人道的な仕打ちがあっても耐えている。訴えでると、その会社が「不正裁定」をうけ、本人が働けなくなってしまう。

ベトナムの送り出し先として知られていたのは、ホーチミン市に本社がある「コクヤン」である。わたしが取材に行ったM社も、クルマのシートなどをつくる豊田紡織の下請け会社も、ここを経由して「研修生」をいれていた。

コクヤンは、二〇〇三年から、「日本の中部地方、とくにトヨタ系企業を中心に、機械、金属、プラスチック関連産業など、二三の協同組合と六〇〇以上の会社に、毎年五〇〇人以上を派遣していた」と自画自賛している。ベトナム研修生の四割を占めていた。

研修制度は、工場ばかりではなく、施設園芸、畑作、養豚、養鶏、酪農や各種漁業までがその対象となっている。

二〇〇六年八月、千葉県木更津市の養豚場で、二六歳の中国人が、彼を養豚場の「研修」に送り込んだ、受け入れ事業団体の職員を刺殺した。彼の基本給は六万五千円、残業代は一時間四五〇円、どんなにはたらいても月十万にならなかった。ほかの職場へうつしてくれ、と強く訴えていたので、強制退去させられようとしていた。故郷に遺してきた莫大な借金を思い、錯乱しての犯行だった。

政府公認の「公益法人」でも研修生受け入れの「名義貸し」をしているほどで、研修制度は日本の恥部である。

外国人労働者は、最近のIT産業関連の技術者以外は、単純労働者として入国し、出入国管理局の監視下におかれる。年間十万人もはいってくるのに、それを保護する官庁がない。木更津の中国人のように、職業選択の自由もない。「外国人労働者」として差別されているのは、世間に「ヤミ労働力」との意識があるからである。

使い捨て自由の労働力として、派遣労働者や期間工は差別され、解雇され、人権を無視されている。ところが、外国人労働者は、それよりさらに差別されている。それは「移民労働者」として、正式にあつかわれる法的保護が与えられていないからだ。いつまでたっても、「デカセギ」である。アジア人労働者が、「ヤミ労働力」として、企業の低賃金政策の餌食にされている、「研修・実習制度」は廃止すべきである。一定期間はたらいたあと、本人が希望するなら、定住する権利をあたえ、労働者として正当にあつかうべきだ。

将来、日本は労働力不足になる、と予想されている。そうであるならば、姑息な手段で入国させたり、労働者として認めない、などの不当なあつかいをせず、外国人市民としての権利を認める方針を政府は示す必要がある。

外国人労働者の処遇は、おなじ不安定労働者である、派遣労働者の人権とふかくむすびついているのだが、企業の都合や勝手だけで、雇用したり解雇したりすることが、国際的に認められるわけがない。

日本はこれから、「観光立国」を目指すというのだが、とすれば、一方では表向きもみ手でお辞儀して外国人を迎え、一方の裏側では、労働者の権利を剥奪してコキつかい、まるで犯罪者予備軍のようにみているのでは、二重人格国家といわれるであろう。

外国人労働者を安易には受け入れられないこの国の現実

斎藤　貴男（ジャーナリスト）

●重いテーマ

重く複雑なテーマをいただいた。〈今後の日本の労働市場を見据えたときの、「単純労働資格」での外国人労働者の受入れ問題について考えるべきこと――開国か？　鎖国か？〉という問題設定は、字面の印象をはるかに超えた意味を帯びている。感情や情緒に流されない冷静な考察を心がけようと思う。

議論の大前提として強調しておきたいのは、外国人労働者の受け入れ問題と、現実に日本国内で生活している外国人労働者の処遇の問題とは、切り離して考えるべきだという点である。もちろん両者が相互に深く関連していることは疑いようもないが、せめて観念的にだけでも、敢えて一緒くたにしない姿勢が求められるのではないか。

後者すなわち実際の処遇については、早急な改善が必要だ。人間をほとんど奴隷として使役する手段にされてしまった外国人研修・実習制度など白紙に戻す。差別的で劣悪に過ぎる労働環境については、せめて労働基準法の遵守を徹底させていく。つくづく低次元な対症療法でしかないが、使用者側に最低限のルールを守らせることもできないままでは、その先の話に進めない。

一方で、では今後の外国人労働者の受け入れをどうするか、という問いかけには、慎重な上にも慎重な態度を崩すべきではないと思われる。というのも、最近、環境経済学の第一人者である佐和隆光・京都大学経済研究所特任教授にインタビューをする機会があり、ハッとさせられる瞬間を体験したからだ。

●もうひとつのグローバリゼーション

佐和教授によれば、「グローバリゼーション」という用語が多用されるようになったのは一九九〇年代以降の現象だという。ソ連の崩壊に伴い東西冷戦が終結し、また情報革命が進展した結果、人、物、金をはじめとする何もかもが地球規模で移動しやすくなった、だから従来の表現「グローバリズム」も動詞化されたのだと彼は説明し、こう続けた。

「まだありますね。英国のブレア、フランスのジョスパン、ドイツのシュレーダーといった具合に、九〇年代後半のヨーロッパに中道左派政権が相次いで登場したことです」

経済のグローバリゼーションを推進してきたのは多国籍企業であり、これと利害を一致させている保守政治だというのが一般的な理解だ。ところが、こと労働者の移動、移民の問題については、逆のベクトルが働くというのである。

――揺り戻しという意味ではなくて？

「ええ。〝コスモポリタン的寛容〟という言葉があるくらいで、中道左派というのは異民族とか宗教を異にするものに対して寛容なんです。移民の受け入れもどんどん進めた。これだってグローバリゼーションですよね。

むしろ右派の方がそういうことを嫌う。その後、二一世紀に入って以降の各国で中道左派から中道右派への政権交代が生じたのは、アンチ・グローバリゼーションの流れだとも言えるわけです」

これは確かに一面の、軽視すべからざる真実ではないか。私たちは――たとえば本書の編纂に関わるような志向の持ち主は――すでに国内で就労している外国人労働者の境遇に同情し、あるいは贖罪意識を抱いている。彼らに寛容でありたいし、日本人労働者と対等の労働条件を整備してあげたいと思う。ここまではいい。

だが、だからといって、より多くの外国人労働者を受け入れようとする要求や政策に対しても常に寛容でなければならないということにはならないはずだ。なにしろ対象が人間である以上、労働のグローバリゼーションは、他のいかなる領域よりも、社会全体のありよう、ひいては個人生活にも、深く、直接に関わってくる。

ヨーロッパの場合、たとえば二〇〇〇年二月、スペイン南部・アンダルシア地方のエルエヒード市で、数百人の若者が移民排斥の暴動を起こした。当地はハウス野菜の一大生産地で、その労働力の多くは移民によっているのだが、一人のモロッコ人が青空市場で女性のバッグを奪おうとして刺殺した事件が、かねて移民の増加に反発していた若者たちの怒りに火をつけてしまった。衝突は三日間も続き、八四人が負傷し、五五人が逮捕されたという。

この種の事件が各地で頻発している。暴動そのものがというよりは、そこにまで至った地域社会の混乱――エルエヒードでも、移民の急増で労働市場が供給過剰に陥り、失業者が溢れ、犯罪が増加していた――が、暴動後も解決されるわけではないことが悩ましい。

受け入れる側にとって、ばかりではない。外国人労働者たち一人ひとりにとっても、不幸の拡大再生産を招く結果が導かれない保障はないのだ。この国の社会に、欧米など問題にもならないほどの、外国人の流入を歓迎できる十分な土壌が備わっているとでもいうなら話は別、なのかもしれないが。

●外国人労働力受入れを求める経団連報告

一冊の報告書を紹介したい。日本経済団体連合会（日本経団連）が二〇〇八年一〇月一八日に発表した「人口減少に対応した経済社会のあり方」だ。

〈本格的な人口減少がもたらす経済社会への影響は、時間の経過とともに確実に深刻度を増していく。（中略）必要な時期に適切な対応がとられなければ、わが国経済の成長力が低下するのみならず、経済社会システムそのものが衰退してしまうおそれがある。

将来にわたって、持続的な経済成長を実現し、また、安心・安全で活力ある経済社会システムを維持していくためには、生産性の一層の向上をはじめ、女性、若年者、高齢者を含む国民各層の労働力率のさらなる引き上げ等の対策がまずもって求められる。これに加えて、抜本的な少子化対策の実施や、わが国が必要とする外国人材の受入れや定着といった、人口減少に対する正面からの取り組みを、早急かつ計画的に実施していかなくてはならない。〉

こんな指摘から書き起こされた同報告書のウェイトは、しかし、明らかに外国人労働者、移民の受け入れ問題に置かれている。日本で就労している外国人は二〇〇六年に七五万人となり、一〇年前の倍に達したものの、労働人口に占める外国人労働者の割合は一％程度で、移民国家である米国はともかく、九％台のドイツや英国、五％台のフランスに比べても低いなどといったデータを列挙。彼らの先行事例に学びつつ、内閣府に担当大臣を置き、関係省庁が一体となった体制固めや法制面の整備などを含めた「日本型移民政策」の本格的な検討が求められると主張して、報告書は、(a)高度人材の積極的受入れ、(b)留学生の受入れ拡大、(c)一定の資格・技能を持つ外国人材の受入れ――の必要を挙げていた。

〈当面は、地域経済および国民生活の維持・強化の観点から、とくに労働力不足が予想される分野（製造業、建設業、運輸業、農林水産業、介護等）での技能を有する労働者を、労働需給テストの導入を前提として、在留資格の拡大、要件緩和等を通じ、積極的に受け入れていくことが必要である。（中略）

また、現在の外国人研修・技能実習制度は、国際協力の観点から、海外からの研修生・技能実習生への技術・技能移転を図っているが、今後は、対象となる技能の範囲をサービス産業分野も含め、拡大するとともに、より高い技能の修得、さらには人材の国内への定着など、同制度を抜本的に見直していくことが必要である。〉

(c)に関する提言を抜粋した。単純労働者についてはこの先の記述で、ヨーロッパ諸国における過去の失敗にも触れながら、〈今後さらに議論を深めていくべき課題〉だとしている。ただし、本書が取り上げているような事態に直面して、それでもなお外国人研修・実習制度の拡充を要求せずにはおれない執念や、外国人であるか否かを問わず、労働者の人権や生命を重視しているとは考えにくい近年の雇用政策、労務管理の現実を顧みれば、「深い議論を」と呼びかけるポーズを、にわかに信じることはできない。

報告書の全体を読み込んでみた印象では、製造業や建設業、農林水産業などにおける、格別の資格も技能も必要とされない職種への外国人労働者の大胆な投入が想定されていると見て間違いないと思われる。目的はより一層の人件費コスト削減。とすればヨーロッパの経験がそのまま繰り返される危険も小さくないわけだ。

供給過剰の労働市場は必然的に賃下げへの圧力をもたらす。大量のワーキングプアや失業者が溢れ、犯罪が横行する事態の背景にはさまざまな要因が絡み合っているのだが、外国人労働者はどうしても、不安定化していく社会のスケープゴートにされてしまいやすい。

経済アナリストの森永卓郎氏が言い切っている。代表的なリベラリストである彼が、だからこそ佐和教授の指摘していた逆説を強く意識しているらしい点に注目されたい。

〈もしこの施策が実行に移された場合、もっとも不幸なのは日本にやってきて働く外国人である。受け入れ態勢が十分に整わないまま、単なる低賃金労働者として移民させられれば、ありとあらゆる差別が起こるのは目に見えている。(中略)

日本経団連の報告書を読んでいくと、人件費を下げればいいという発想に凝り固まっていて、そこには国をどうするのかというビジョンのかけらもないことがわかる。それが、この報告書のもっともまずい部分なのである。〉(『日経BPネット』二〇〇八年一一月一七日付「構造改革をどう生きるか」第一六〇回)

外国人労働者の受け入れに伴う社会的な諸問題を、日本経団連が認識していないわけではない。特に定住を促した場合の日本語能力や、住宅、医療、子どもの教育の問題には多大なコストを要することなどが、報告書にはきちんと盛り込まれていた。また二〇〇八年七月にはヨーロッパに調査団も派遣し、現地における先例をまとめた報告書も、あわせて公表されてもいる。

いずれにせよ基本的な構造は動かない。外国人労働者の受け入れによって最も大きな経済的利益に浴するのは民間企業だが、そのために必要な社会的コストは彼ら以外の、主に地方自治体や地域社会が負担することになる。もちろん外国人労働者たちとの共存共栄が図られ、異文化との交流が自然に営まれるような発展が進めば、こんなに素晴らしいことはない道理だが、目下のこの時代、格差社会の深化で余裕のない受け入れ側と、あくまでも出稼ぎにやって来る側との間に、どれほどの友情が育まれ得るものなのか、どうか。

●外国人排斥という雰囲気のなかで

私は外国人労働者に反発しているのではない。大いに歓迎したいと考えているが、この国の社会の現実を見据えた場合、安易な受け入れの拡大は避けるべきだという結論に達さざるを得ないのだ。

日本はまだ、一般の労働者と外国人労働者とが労働市場で競合するような状況にはなっていないと言われる。にもかかわらず、この国には外国人を排斥したがる雰囲気が根強くある。とりわけ中国や韓国・朝鮮の出身者に対する差別や偏見は相変わらずで、たとえば石原慎太郎・東京知事のように、公の場で彼らの存在を貶める暴言を繰り返す指導者層さえ珍しくないのが実情だ。

二〇〇八年一〇月には、航空自衛隊の田母神俊雄幕僚長が、〝日本は侵略戦争などしていない。合法的に大陸の権益を得たのだ〟とする趣旨の主張を、アパホテルグループが主宰した懸賞論文に応募していた事実も明るみに出た。彼は当然、その職を解かれたが、懲戒処分ではなく、七千万円もの退職金も支払われた。田母神氏の言動を支持する層の厚さを思い知らされる顛末だった。

なまじ他のアジア諸国に先んじて近代化を果たした歴史が、日本人に妙な優越感を抱かせてしまっている。一方では近代化の先生であった欧米の白色人種、戦争で打ち負かされて占領され、今また同盟という名の主従関係にあるアメリカの白色人種に対するコンプレックスにも苛まれている屈折が、外国人労働者の受容を、さらに困難にしてしまうのではないか。

改めて指摘するまでもないが、難民の受け入れ問題については、これとはまったく別の文脈にある。ヒューマニズムが最優先される必要があるからで、もちろん一般の外国人労働者に対しても同じ発想を適用し、相対的にはまだしも豊かな日本の雇用を世界中の貧しい人々に開放しよう、その理想のためなら多少の混乱も失業者の激増も甘受すべきだという社会的な合意が構築されているのであれば、話は全く違ってくる。

現実はどうか。外国人労働者の受け入れを推進したい最大の主体である経済界の狙いはすでに明らかだ。日本経団連の報告書には次のような記述もあった。地域の人口減少を食い止め、雇用を創出・確保していくためには地域経済の活性化が不可欠だとして、

〈地域において提供される行政サービスは、少子高齢化の進展に伴う住民のニーズの変化に対応し、かつ、働き手が減少する中で、効率的に提供されなければならない。(中略)

当面、広域連合制度を積極的に活用することにより、産業振興を通じた地域活性化を図るとともに、医療・介護、防災、ゴミ処理等、生活に直結する行政ニーズに柔軟に対応すべきである。

その上で、二〇一五年を目途に、道州制を導入し、広域経済圏の確立と行政の大胆なスリム化を図ることが求められる。〉

人口減少に関する議論が、いつの間にか道州制のテーマにも結び付けられている。ここで詳細に検討する紙数はないが、道州制の導入は、すでに存在する地方格差の拡大に拍車をかけると同時に、雇用の場を提供する大企業による支配体制を確立していくことになる可能性が高い（鈴木文熹《あやき》『道州制が見えてきた』本の泉社、二〇〇八年など参照）。日本経団連の主張には、ヒューマニズムどころか、身勝手ばかりが透けて見えてしまうのである。

よくも悪くも労働集約型の産業は縮小してきている。人口が減少したら直ちに労働力不足という事態に陥るに決まっている、という根本的な問題設定から疑ってかかることから始めてみる必要があるのではないか。

労働開国の時代に忘れてはならないこと

遠藤　隆久（熊本学園大学）

外国人労働者の問題を語るとき、決まってグローバル化が背景にあることが語られてきた。その際に語られているグローバル化とは具体的に何をさすのか、共有されていない含意が共有されているかのように一人歩きをしているように思える。さらには、我が国の外国人労働者の問題は果たしてグローバル化に論点の所在を求めていいのか否か、立ち止まって考えるべきものは少なくないように思われる。

単純労働者に対する労働開国を前提とした外国人労働者政策の必要性を唱える前に、外国人労働者の問題がじつは日本国内の労働政策の反映でもあることを忘れるべきではない。そのことへの視点が欠けると、外国人研修生・技能実習生制度の改革論議や日本経団連や自民党が外国人労働者、移民を積極的に受け入れる政策へ舵を切ろうとしていることの意味を理解することはできないだろう。安価な労働力としての外国人労働者の必要性を、共生とかグローバルの時代に人の移動は不可避だといった言葉に言い換えることには絶えず敏感でいる必要がある。

●外国人労働者受け入れの現状

日本の外国人受け入れ政策は入管法に反映されており、その身分または地位にもとづいて在留資格を有する者以外の労働を目的とする在留者については、原則として「高度人材」というカテゴリーに含まれる一六業種に当てはまる者しか受け入れを認めていない。したがってそれらに含まれない、いわゆる単純労働者は排除されている。しかし、日本国内で必要とされている単純労働者が埋まらない業態や農業も含んだ中小零細事業者からは安価な労働力である外国人に対する需要が現に存在し、合法非合法を問わず外国人単純労働者が参入する道が開かれているのが実態である。観光ビザで入国し、不法滞在者として居続け働く外国人単純労働者が後を絶たないのはこうした事情による。しかし同時に、日本政府も外国人単純労働者を受け入れるための法の抜け道を用意している。

その一つは、一九九〇年に日系人とその配偶者に在留資格を認めたことである。この在留資格には就労目的の制限がないことから、この抜け道を使ってブラジルを中心に中南米から多くの単純労働者が流入している。もう一つは、同年に行われた研修生制度の規制緩和により、従来の企業単独型受け入れに加えて、団体管理型による受け入れの仕組みが始まったことである。新たに、企業単独型によって開発途上国の経済発展を担う人材を養成し技術移転するという、制度の本来の目的である国際貢献から逸脱する仕組みが用意された。

こうした結果、比較検討できる正確なデータがないので概観するしかないが、不法滞在者の数が一七万人余[1]、日系人とその配偶者の数が二六万人余[2]、研修目的入国者数が九万人前後[3]を数え、こうした人びとのほとんどが単純労働者として今、日本国内で働いている。それ以外にも一三万人を超える留学生のアルバイトあるいは不法入国者など、単純労働者として働く人の数は存在している。その点、野川忍東京学芸大学教授が「何よりも問題なのは、こうしたゆがんだ状況は最近に始まったのではなく、九〇年代初頭から存在していたことであり、政府はこのような事態を黙認し、あるいは意図的に維持し続けてきたと思われる点である[4]」と指摘されるのは的を射た批判である。

●労働者の移動とグローバリゼーション

まず、今日の労働者の国境を越えた移動の問題について考えてみることにする。労働者の移動の要因は何であろうか。かつまた、その移動の要因を今日的なグローバル化に結びつける特徴は何であろうか。労働者が移動を強いられてきたのは、決して今日に始まった現象ではない。奴隷売買の歴史は紀元前まで遡ることも可能であろうが、ギリシア、ローマの時代を紐解けば我々の記憶は鮮明になる。近代に立ち戻ってもアフリカから人々を強奪してきたアメリカの綿花栽培の歴史がある。また、グローバル化の時代も決して今日の時代に始まったことではない。今日のグローバリゼーションがアメリカニズムと呼ばれるように、いつの時代のグローバル化にも中心が存在し、労働力の移動はその時代の覇権を握った国に向かって流れ込み、かつ覇権国の経済の根幹を担う生産体制の基盤を支える役割を果たしてきた。

しかも、こうした人々は自ら進んで移動したわけではない。強制的に連れてこられた歴史だけではなく、生まれ育った土地では暮していけない経済的な貧困も人々の移動を強いる。ヨーロッパからアメリカへの移民の歴史にも、ハワイやブラジルに移住した日本人の歴史にもそれは重なり合う。その点、入管法が認めた「高度人材」と呼ばれる業種のように、よりよい収入と地位を得るために移動する人びとと、移住した国の下層でしか生きていけないこうした単純労働者とは、その移動の背景と動機が異なることは、区別して考える必要がある。自ら生まれ育った土地の人間関係と文化を捨てて、言葉も通じず文化も共有しない国の最底辺で、場合によっては社会や職場から差別を受けながら糊口をしのぐために使い捨てられるように働かざるを得ないのは、貧しさゆえの選択でしかない[5]。またそうした人々のニーズにつけ込んでビジネスにするトラフィッカー（不法入国者斡旋業者）など、国際的なブローカーが介在しながら単純労働者の大量な移動が生じている。

一方でそうした労働力の移動によって、送り出し国の職能資格をもった労働力の枯渇を生みだすことも生じる。たとえば、ケニアの看護士が困窮した生活を逃れるために看護士の足りないイギリスの病院に移動して、その穴埋めにケニアでは不足した医師や看護士をキューバ政府からの派遣に頼らざるを得なくなった事例はよく知られている。キューバには、慢性的に不足している外貨を手に入れる手段としてメリットが存在する。

こうした先進国に不足した労働力の埋め合わせが行われ、玉突きのような労働力の移動が行われる要因は、世界的な規模で広がる貧富の格差にある。前記野川氏の指摘にもかかわらず、研修生・技能実習生が手にする日本の最低賃金の半分以下の研修手当あるいは賃金は、中国で働いて得られる収入の何倍かの額になるという。そうした現状がなくならない限り、日本人の労働者よりも低劣な賃金と働き方を強いられても、ブローカーに救恤的な手数料などで搾取を受けても、彼らの日本で働きたいという願望がこれからもなくなることはないだろう。

したがって、かつてない大規模な労働移動を生じさせている今日的要因は、今日のグローバリゼーションが世界的な規模で貧富の格差を増大させているからに他ならない。それは同時に途上国の中での不当なまでの貧富の格差を生じさせている要因でもあって、こうした格差が縮まらない限り先進国がどんなに水際で流入を押さえても単純労働者の労働移動はなくならない。根本的な解決の方途は、単純労働者を送り出している国が、その国で働いて平均的な生活水準で生活できる雇用を生み出すことができる経済力をもつことである。その根本的な解決策は、アメリカニズムと称される今日のグローバリゼーション＝金融資本主義のあり方を問題にするしかないが、サブプライムローン破綻を契機にこれまでのパラダイムが破棄されるか否か、さらには次にどのようなパラダイムが構想されるかにかかっている。

●外国人労働者を受け入れる側の必要性

二〇〇八年になって、六月に自民党「日本型移民国家への道プロジェクトチーム」が、今後五〇年のあいだに一〇〇〇万人の移民受け入れを提言し、一〇月には日本経団連が製造業・建設業・運輸業・農林業・介護などの労働力不足が予想される分野への外国人労働者の受け入れについて拡大することを求める「人口減少に対応した経済社会のあり方」を発表した。これらの提言は、これまでの日本政府の外国人労働者受入れ政策の大転換を求める内容になっている。こうした政策提案がただちに政府の政策に反映されることはないだろうが、政財界のリーダーのもつ日本経済の停滞・地盤沈下が進むであろうことへの危機意識を読み取ることは容易である。すなわち、日本の中で進行している少子高齢化がもたらす労働力人口の不足と国内市場の縮小が日本経済に与える影響は深刻なものになる可能性があり、その対策としての大規模な外国人労働者の流入が彼らの遠くない射程に入ってきたことを示唆している。

井上泰関西学院大学教授によれば、こうした外国人受入れ政策をめぐる論議は、一九八〇年代半ばからの「開国か、鎖国か」という「第一の論争」の時期が終わり、単純労働者の受け入れの是非をめぐる問題へと移り変わった「第二の論争」の時期を迎えているという。しかも井上教授は、外国人労働者の受け入れが日本の少子化と国内市場の縮小に歯止めをかける政策としてはうまくいかないという結論を導きだしている。(6) 氏の論拠は、「国内人口が急速に減少している過程での大量移民流入は、社会的摩擦を引き起こしやすい」「短期的に若者を中心に多くの移民を受け入れ、一時的に年齢別の人口構成を是正できたとする。その場合、早晩、彼ら移民の高齢化が進むため、中・長期に年齢別の人口構成を是正するのに一層の移民の受入が不可避となる」というものである。自民党ＰＴや日本経団連の考え方は、まさに井上教授の批判が向けられる先にある政策論である。

少子化が加速する要因の一つには、女性労働者が正社員に留まり働きながら出産や育児をするための環境が整えられていないことにある。(7) したがって、出産、育児を理由にして退職し育児が終わったあと、低賃金のパート労働につくしか選択肢が残されていない女性にとって、出産を選択しないことは人生の自己決定でもある。さらに若者を中心に広がるワーキングプアとなって働く労働者にとっては、結婚も子育ても実現性の厳しい環境しか用意されていないだけでなく、彼らにはそもそも消費に回す十分な所得がない。

それらの対策としての外国人労働者受入れ政策が誤った選択だとしても、自民党ＰＴと日本経団連の考え方は総資本としての理性の現れではある。しかし、日本経団連会長の足下のキヤノンや当時の松下のディスプレイ工場で偽装請負が行われていた実態は、経営者自身が少子化と国内市場の縮小を促進していることの証左でもある。つまり、彼らが率先して行ってきた企業行動は、国内で労働ダンピングによってコストダウンを図り、それによってアメリカ、ヨーロッパ市場で利益を上げるという戦略である。その結果、二〇〇二年以降未曾有の利益を上げてきた一方で、戦後最大の好景気の中で労働分配率を切り下げ、国内市場の劣化を招いてきた。しかし、国内市場に依存せず輸出に依って利益を上げる構造が、サブプライムローンの破綻の影響を日本の代表的な自動車産業や家電メーカーに与える皮肉な結果となった。さらに、非正規雇用労働者の解雇によって頼るべき国内市場が一層痛めつけられるという状況が、少子化と市場の縮小を加速するという悪循環を加速している。

こうした悪循環を根本的に解消する方向に向かうことなく、少子化と国内市場の縮小の弥縫策として大量の外国人労働者の受け入れを図るという政策は、日本社会の中にさらに矛盾を拡大することになる。

しかし、外国人労働者の移動の流れを促進するものは、そうした労働者を受け入れる側のニーズである。そもそも、外国人単純労働者の受け入れが裏口を使ってでも必要だった事情は日本の国内にある。日本の中ではかつて都市の製造現場や零細中小企業に労働力を送り込んできたのは、農村にある過剰労働力であった。農業収入が少ない農家では、農閑期にそして次第に恒常的に都市に労働者が流れ込んできて、不景気になれば農業収入がセーフティネットになることから景気の循環に合わせた雇用調整の受け皿にもなってきた。また、農家の次男、三男は農業を離れ都市の製造業、中小零細企業を担う労働力として吸収されていった時代がある。やがて、農業の衰退とともにそうした雇用の調整弁としての地方の役割りは機能しなくなったし、[8] 少子化によって製造業、中小零細企業を担う労働力の不足が顕著になってきた。そうした事情によって、ヨーロッパで早くから行われてきた縁辺労働力として流入してきた外国人単純労働者受入れ政策が、一〇年遅れで日本でも始まったのである。

　しかし、国内の単純労働者供給の構造が働かなくなった後を埋めるような安易な外国人単純労働者受け入れの在り方は、外国人労働者を日本社会の最下層に流入させ、外国人を最下層にした階層社会を日本に形成することになる。その結果、共生社会というかけ声とは違って、外国人単純労働者の定着が日本の社会の中に深刻な社会問題を産み出すことになりかねない。それが同時に日本の雇用問題であるのは、まず日本の中で労働ダンピングの結果としての低賃金かつ不安定な非正規雇用労働者が自らの人間としての人並みの生活（＝労働力の価値通りの支払いの確保）が保障されない現実があるからである。若くて健康で労働する意欲のある若者が家庭をつくり子供に恵まれる生活さえ保障されない社会が是正されない限り、そのさらに下層に外国人労働者を受け入れることは日本人非正規雇用者との代替を含みながら、一段と労働ダンピングが進行する可能性が危惧される。日本人単純労働者と外国人単純労働者の間でそうした競争関係が生じてくれば、ヨーロッパがすでに経験してきた外国人排斥運動に結びつくことは十分に考えられる。

●さいごに

　今日の日本政府が行っている外国人単純労働者の受け入れの在り方は、研修生・技能実習生制度もそれによって研修とは名ばかりの人権無視が跋扈する結果を招いており、南米から来ている労働者も不景気になれば真っ先に解雇される存在でもあって、是正が急がれるべきであることは言うまでもない。そのためには、日本人労働者と同様の労働法の適用など法的保護が受けられるべきでもある。

しかし、その一方で日本の雇用労働者の権利保障を急ぐことが、外国人単純労働者の受入れのためにも不可避である。たとえば、フィリピン、インドネシアから二国間経済連携協定（ＥＰＡ）によって、看護士・介護福祉士の人材を受け入れることになったが、日本国内の看護士・介護福祉士の不足は労働条件の劣悪さによって生じた慢性的なものである。そうした労働条件の改善をすることなしに、より劣悪な条件下で送り先国で働いている人たちに、それよりもよい条件を理由にして流入の道を作っていくことは、劣悪な条件を残しながら日本人労働者との代替が進むだけで問題の解決にならない。

私の結論は、単純労働者に対する労働開国の条件は日本の労働者の雇用条件を同時に改善していくことが不可欠であり、さらには単純労働者等の労働移動が当たり前の前提にならないためには、さらに遡って今日のグローバル資本主義のパラダイム転換によって、世界的な規模での格差を是正することがなによりも肝要だということである。

（1）『エコノミスト』二〇〇八年一月一五日号所収の法務省入国管理局「主な在留資格と登録者数二〇〇六年度」による。アルバイト留学生の数もこれによった。
（2）『経済』二〇〇七年一二月号、誌上研究会「外国人労働者問題とは何か」の寺間誠治氏の推計による。
（3）藤枝茂「外国人研修生・技能実習生制度見直しの方向性」『季刊労働法』二一九号八六頁以下所収の法務省データ平成

一八年度による。

（4）野川忍「外国人労働法制をめぐる課題」、『季刊労働法』二一九号、五頁。

（5）二〇〇六年八月に木更津で中国人研修生が起こした殺人事件は、中国の社会事情を物語るものであった。安田浩一『外国人研修生殺人事件』、参照。

（6）井上泰『外国人労働者新時代』「第三章　移民受入は少子・高齢化対策になるのか」。

（7）女性労働者の職場での悩みの圧倒的多くが、いまだにセクシャルハラスメントと並んで、妊娠、産前産後の休暇、育児に対する不利益取扱いとなっている。

（8）『オルター』二〇〇八年一一月・一二月合併号〈特集　労働開国？〉所収の討議も参照されたい。

国籍を問わず人たるに値する労働条件を

板井　優（弁護士）

●まず被害の事実から

私たち熊本の弁護士が、中国人実習生問題に出会ったのは昨年（二〇〇七年）夏のことであった。この熊本で中国人実習生たちが強制労働をさせられているということを、まだ二十歳ころの女性たちから聞いて本当に驚いた。こんなことがあっていいのか、これが率直な思いであった。

もちろん、弁護士のところに来るまでは、地元で支援している方々、熊本県労連に属するローカルユニオン熊本の方々など多くの人たちの支えがあった。しかし、法律家の支えも必要であるという事で、私たち弁護士のところに来て頂いたのである。

しかし、戸惑いがあったのも事実である。正直言ってどのような法的な仕組みの問題なのか、よく分からない。しかも、入管法の問題もあり、時間との勝負ということもあるとのことであった。事実、既に帰国した仲間もいるという。

ところで、私たち熊本の弁護士は、水俣病問題、ハンセン病問題、川辺川ダム利水問題など、相談を受けた時は全くの門外漢であった。私たちがこれまで受け継いできた考えは、「まず事実を、さらに事実を、もっと事実を！」である。その事実に合わせた新たな法制度を作っていく中で問題を解決していくことが弁護士に与えられた社会的役割であると私たちは考えている。

二〇〇七年九月一三日、六人の中国人研修生・実習生は、天草労働基準監督署長に強制労働につき労基法五条違反で告訴した。さらに翌日、私たちはこれらの実習生らとともに熊本県警本部を訪ね告発した。

今、わが国では、派遣労働問題、ワーキングプア、ネットカフェ難民問題が存在する。この外国人研修・技能実習生問題は、厳しい労働条件下にあるわが国の労働者のさらにその下に劣悪な条件の労働者を作り出し、労働者全体の社会的地位をさらに切り下げる役割を担わされているのではないだろうか。

●外国人研修制度の歴史的背景

労働問題と公害問題はよく似ているといわれる。戦前のわが国では、低賃金・長時間労働の下で作った安い工業製品を海外進出の道具にした。他方、公害問題では環境破壊・公害防止の費用を削り、安価な商品を造り出し、これまた海外進出の道具にした。「塀の内側では労災、塀の外側では公害」という言葉はまさにこうした実態から生まれた言葉である。

宮本憲一氏は、『環境と開発』の中で要旨、イギリスで起きた産業革命の様子を次のように紹介している。新しい発明が次々と起こる中で、機械や設備がすぐに古くなって競争に打ち勝てず、できるだけ早く償却されなければならない。このため、人間の健康を度外視して夜間労働あるいは二四時間無休労働が必要となる。また、工場からの排出物は環境を破壊し、深刻な公害を引き起こした。

まさに、こうした事態を解決するために、近代に至り法律の整備が行われてきたのである。この間の歴史は、自由主義に基づく資本の横暴を民主的に規制しようとしてきた闘いの歴史ということができるであろう。

わが国にあっては、第二次世界大戦後、労働法が本格的に整備され、遅ればせながら、昭和四〇年代後半から環境保全・公害規制法制が整備されてきた。これは、たしかに、より先に民主的規制を行った先進資本主義国により、自らのルールで後進資本主義国を縛り上げた面があることは否めない。しかし、これによって、わが国における、労働者の権利をめぐる闘い、環境保全・公害防止の闘いは質的に大きく飛躍した。

しかしながら、一九八〇年代に入り、労働法制の再編が始まり、一九九〇年代以降、再編は本格的になっていく。そして、規制緩和が最も進んでいるのが雇用政策の分野である。その主なものは、職業紹介を国が独占していた状態を廃止する職業安定法の改正、さらに労働者派遣の自由を図る労働者派遣法の制定、改正などである。

そして、その結果は、①二〇〇七年現在、非正規雇用が一七〇〇万人（労働者全体の三分の一超）、

②正規・非正規雇用間の同一労働格差で、非正規は正規にくらべて生涯賃金で四分の一という試算もあり、③名ばかりの管理職も含めて労働法規違反が蔓延している実態、④うつ病や自殺、いじめなど労働者の孤立化・無権利化が広がっているなど、悲惨なものである。

ところで、今日の外国人研修制度は一九九〇年八月に創設された制度である。その後一九九三年四月に技能実習制度を取り入れ、現在では研修、実習を合わせて三年とされている。元来日本政府は、いわゆる単純労働について、外国人労働者を受け入れない政策をとって来た。入管法は単純労働を目的とする在留資格を設けていない。要するに、外国人の単純労働は国内法では違法となっている。そこで、抜け道として活用されたのが、「研修」制度である。

この制度は、単純労働をする外国人を「研修」目的で入れるが、「労働者」ではないから最賃法や労働保険、労基法など国内法の保護はない。外国人労働者は二、三年程度で入れ替わるが、使用者は極めて低コストでコストの安い労働力を手に入れることができる制度である。

また、「技能実習」制度になれば、国内労働法規が適用されることになる。しかし、例えば中国側の送り出し機関と労働者（研修生）との間では、協議書が締結され、ある協議書の中の第四条六項では「いかなる労働組合にも参加してはならない」、同条一二項では日本側企業が「提示した契約規定にない待遇を要求してはならない」とあり、これに違反すれば第六条六項で八万人民元での賠償金が定められている。その事実認定は、日本側企業の送るファックスやメールによるものとされており、事実上、わが国の国内法規が適用されないものとなっている。

まさに、ある外国の担当者が「奴隷労働」と非難したゆえんである。

●外国人にも労働基本権を——法律家の役割

今、労働者の権利をないがしろにする考え方を取っているのは新自由主義者である。その中の「シカゴ学派」の経済理論は極めて分かりやすい。いわく、労働者保護のための規制は雇用の喪失をもたらし、最も弱い立場にある労働者に悪影響を及ぼす。最善の労働者保護手段は、労働需要の増加・労働者の採用に関する事業主間の競争である、などである。

わが国の労働法制の改悪も大筋では同じような考えで行われていると言える。要するに、労働者の保護は労働者自身でもなく、国などの行政でもなく、企業に任せなさい、それが一番、というのである。

しかし、その結果、わが国の労働者は先に述べたように大変劣悪な状態におかれた。今、若い人たちの間で小林多喜二の「蟹工船」がブームになっているという。劣悪な労働条件下にあった戦前の労働者の姿に自らの姿を重ね合わせざるを得ないのであろう。その意味では、現状を変えていくエネルギーは、近い将来巨大なマグマとなって徹底的な変革をもたらすであろう。

ところで、わが国の最高裁は、マクリーン事件判決で、日本国憲法の基本的人権の保障は、権利の性質上、日本国民のみをその対象としているものを除き、わが国に在留する外国人にも等しく及ぶとした。まさに同じ人として扱えというのであり、労働基本権もその性質上及ぶことは当然である。

その意味で、入管法の「研修」「技能実習」制度とその運用実態は違憲・違法である。そこで、一旦、わが国に入国して働いている在留外国人には、労働基本権も同様に保障すべきであり、この点は現在熊本で闘われている裁判で勝ち取らなければならない課題であると思う。

問題は、将来に向けて、今は在留していない外国人労働者を単純労働について積極的に受け入れる方策をとるかどうかである。

現在のわが国の労働環境は、劣悪な労働条件のもと、一方で働きたくても働けないという多数の労働者がおり、もう一方ではその中でも働かなくてはならないという多数の非正規労働者がいるということである。

かつて、高度成長期に低賃金で働く中卒の労働者たちが大量に地方から東京などに移動した。その後、逆に安い労働力を求めて熊本の農村にも縫製工場が作られた。その後、これらはより安い労働力を求めて東南アジア各国に進出していった。

これは、資本は常に安い労働力を求めてさまよい歩くことを示している。したがって、この問題を経済的合理性で解決することは、現実に生きている人が人間としての生存を全うすることが出来ない結果になってしまう。

そこで、わが国において劣悪な労働条件を変え、人間としての生存を十分に維持できる労働条件を確保することが何よりも求められるものである。その闘いの中には、現にわが国に在留して単純労働に従事している研修生も当然含むべきである。また、外国でも同等の労働条件を確保させるべく必要な努力をしていくことが日本国憲法の前文の立場からも要請される。

わが国では、戦争に絡んでアジア各地からの強制連行された労働者の問題などが裁判の場で大きく争われてきた。これらの裁判はわが国とアジア各国とのあるべき姿を求めたものであった。

今、わが国の法律家に求められているのは、人たるに値する労働条件を国籍のいかんを問わず実現していくことであり、そうした法制度の確立を、裁判制度を活用しながら実現していくことである。

おわりに

棌本　光男（熊本県労連事務局長）

●東奔西走

先日、実習生のみんなと車で移動中、谷《グ》さんが私に、

「棌本さん、昨日は何の日だったか分かる？」

と、流暢な日本語で尋ねてきました。

「う～ん、何の日だったっけ……。」

「忘れちゃ、ダメよ！　昨日という日は、去年、棌本さんが私たちを保護してくれて、熊本市内まで連れて帰って来てくれた日よ！」

二〇〇七年九月十二日……。その三日前に、はじめて彼女らに出会い、話を聞き、驚き、さて何から手をつけていいのか、さっぱり分からないという状況の中、東京の首都圏移住労働者ユニオンの本多書記長からのアドバイスで、「中国へ強制帰国させられる前に、労働組合の方で保護をできたらいいんだけど……」という言葉を頼りに、その間ずっと彼女らの相談相手になってくれていた中国人女性の全面的な協力を得て、まずは保護することに成功したのでした（その中国

人女性は、天草で問題が発覚して以降、自分の携帯電話を実習生に与えて連絡を取り合う術を確保してくれていて、それが後々大きな力を発揮したのでした）。

その日は、みんなの仕事が終わり、協同組合の理事長たちが帰宅する夜八時頃をめざして、熊本市内から二時間ほどかかる阿蘇郡小国町まで車二台で出かけました。ちなみに、彼女たちが働いていた問題の天草の縫製工場は、熊本市内から阿蘇とは逆方向の、海の方へ向かって約二時間の本渡という町にありました。その工場が倒産したため、彼女たちは、工場をあっせんした阿蘇にある第一次受入れ機関の協同組合に一時的に預けられていたのでした。

その日は、事前に連絡を取り合い、当面日常生活に必要な荷物だけをもって、見つからないように協同組合を抜け出し、小国町のスーパーの屋上で落ち合う約束をしていました。私たちは早めに到着し、屋上駐車場の暗めの目立たない場所を探して車を停めました。約束の時間、六名の女の子がスーパーの屋上に姿を現したのを見つけ、すぐにこちらの方へ呼び寄せ、車に乗せ込むと、直ちにその場を立ち去ります。その後、町内の役場に向かう途中の人通りの少ない道横の暗い駐車場を見つけ、車を停め、車内で中国人女性の援助を得ながら、

わたしの未払《みばら》い賃金《ちんぎん》の問題《もんだい》・今後《こんご》の実習継続《じっしゅうけいぞく》の問題《もんだい》など、わたしたちの問題解決《もんだいかいけつ》につきましては、すべてローカルユニオン熊本《くまもと》に委《ゆだ》ねます。宿舎《しゅくしゃ》は、わたしの意思《いし》で退去《たいきょ》します。

という六人分の文書をその場で作成し、近くのコンビニでコピーをとり、その文書を、協同組合に提出をして、無事彼女らの保護に成功したのでした。平静さを装いつつ、全員ヒヤヒヤの思いで、急いで小国町を「脱出」したのを思い出します。熊本で「小国」といえば、本来ならば、全国的にも有名な温泉地、あの黒川温泉のある町なのですが……。

熊本市内に準備したアパートに着いたのは、夜中の十二時。緊張と長い運転でクタクタのはずですが、帰りの車中での、とにもかくにも苦しいものから解放された彼女たちの安堵の表情と、車内に飛び交う理解のできない中国語会話のBGMで、不思議に疲れていなかったのを思い出します。そうそう、自宅に帰りついた後の夜中一時のビールの美味かったことも。

しかし、彼女らを保護してからが、たたかいの本番でした。弁護団も結成され、弁護団会議の中で求められる証拠資料集め。監督署や警察への告訴。協同組合、JITCOや入管との交渉等々……。午前中、弁護団会議で意思統一をして午後には天草へ走り、銀行を回って預金記録を確保。その後監督署に告訴をする告訴状を地元の弁護士に依頼して作成し、閉庁間際に提出。そのまま現地で集めた百枚近くになる資料を、FAXで熊本市内の弁護士事務所に送付して夜中に帰熊。その資料をもとに、翌朝から県警への告訴と記者会見、午後には阿蘇小国へ移動し、団交申し入れと彼女らの荷物の受け取り（この荷物の量が半端じゃない。乗用車は役に立ちません、ワゴン車でないと……）。

しばらくは、そんな日々の連続でした。そして、制度の問題の本質が見えてくると、JITC

〇や入管という相手まで見えてきます。行動範囲は、熊本県内一円から福岡にまで広がります。天草、小国、福岡……。しばらくは、この辺を「駆けずり回っていた」という記憶が強烈に残っています。しかし、駆けずり回る中で、この国の恥ずべき部分と、「新自由主義」の犯した本当に深刻な弊害がまざまざと見えてきたのでした。

●新自由主義の猛威

アメリカの金融資本の利益のためには、どんなことでもするのが「新自由主義」です。一九八〇年代にレーガンのアメリカとサッチャーのイギリスで吹き荒れた「新自由主義」の嵐は、日本でも八〇年代末より構造改革の名で具体化され、一九九五年の「新時代の日本的経営」以降、本格的に日本の労働市場と中小企業の経営を破壊し尽くしてきました。その結果、大企業はどこまでも利益のために、そして、中小企業は経営を守るために「安い労働力」を求めました。「外国人研修・技能実習制度」もこの構造改革の歴史とちょうど重なります。

一九九〇年、「外国人研修・技能実習制度」の中に「団体管理型」と呼ばれる、中小企業がいわゆる協同組合などを立ち上げ、この制度に参加できるシステムが導入されて以降、縫製業に代表されるような形で、制度に悪乗りをした中小業者たちが、本書の中でも告発された時給三〇〇円の「奴隷労働」を、表に現れないよう、人権侵害を犯しながら、全国に蔓延させてしまったというのが実態なのです。このことは、見て見ぬふりをした政府から、存在にすら気づかなかった労働組合まで含め、日本国民として率直に反省をし、傷ついた研修生・技能実習生たちに、心から謝罪しなければならない重い事実です。

　その上で、いま自らの矛盾で破たんの道をたどっている諸悪の根源「新自由主義」そのものを告発し、すでに多くの外国人労働者がこの国で働いている現実の中で、直ちに「多民族・多文化共生」の社会を展望して、具体的作業に着手しなければならないときだと考えます。そのためには、この国の経済を支える中小企業や農業の経営を守る強い政策の確立が急務です。言葉の壁をなくす教育システムの確立も必要です。そして、なによりも多民族・多文化の存在そのものを認める地盤づくりが必要です。

　財界のしたたかな戦略を考えるとき、そのコスト優先の戦略とのせめぎあいは必至でしょう。おそらく大変な作業になることはまちがいありません。

●でも、ワクワクする体験

　私は、今回のシンポジウムで、「ゼノフォビア」という言葉をはじめて知りました。外国人を嫌う保守的な勢力が存在し、そのことを表す専門的な言葉が存在するということは、それだけ大きな問題としてこの国に横たわってもいるのも事実でしょう。

　それでもしかし、一年以上、彼女らといっしょに日常を送ってきた私は、考えるだけで、なんだかワクワクしてきてしまいます。なぜでしょう？　それは、彼女らに日本の文化、あるいは自

2008年メーデー会場で合唱する実習生たち

分自身の文化を発信することができ、そして、彼女らからは彼女らの文化を享受することができたということが、どれだけ自分を豊かにするかということを体験してしまったからだろうと思っています。それはちょうど、私の永い福祉工場での体験と似ていました。

実を言うと、私は現職に就く前は、二三年間障害者の福祉工場で働いていました。体に障害をもつ仲間と暮らす日々は、私に体に障害を持つことの方がむしろ「普通」ではないか？　つまり人は一人一人違うのが当たり前であるという認識を持たせてくれました。その「違い」が自分を成長させてくれる。私の人格がどうであるかは別にして、その体験は総合的な私の人格形成に大きな影響を与えています。

アジアや南米の、今は完全に差別的に「安い労働力」としてしか扱われていない労働者のみなさんと、文化を共有し、差別されることなく、楽しく日本で暮らし、働き、家庭も持てるような社会が、どれほど豊かで奥深い社会なのかということです。そういう社会の実現は、今、わが国が直面し社会問題化している「派遣・非正規雇用問題」「ワーキングプア」という、働いても貧困を抜け出せないというような問題の解決をも意味しているのではないか。わたしはそう思っています。そんなポジティブな発想が、今は必要なときだと、私は考えます。「多民族・多文化共生社会実現」の大きな夢をもち、それをひとつひとつ現実のものにしていこうという……。

今回、熊本の事件をきっかけに、中国の実習生のみんなの明るい笑顔と、正しいことのためには信念を曲げないというまっすぐな輝く瞳が、私にそう思わせてくれたのは言うまでもありません。

心から「謝謝」です。

本書は当初ブックレットという形で、シンポジウムの教訓をひろく伝えることができれば……、という思いで編集を始めました。しかし、作業を進めていく中で、シンポジウムの中で話されたその内容の濃さと重さから、将来の問題にもっとふみこんだ形で、問題提起をできるものにしなければならないという「思い」が強くなりました。斎藤貴男さん、鎌田慧さん、そして板井優先生には、お忙しい中で筆を取っていただき、そういう意味で、本書の内容をグッと厚くしていただきました。また、本書の発刊に当たって、特別にお力を貸していただいた熊本学園大学の遠藤隆久先生には本当にお世話になりました。心から感謝いたしております。本書は、そういう多くのみなさんのご協力でようやく発刊にこぎつけました。ご協力いただいたすべての皆さんにあらためて、心から感謝申し上げます。ありがとうございました。

最後に、すべての人が大切にされる「多民族・多文化共生」の社会実現に向けて、本書がなんらかでも役に立つ一助になれば幸いです。

資料1

「入管指針」（二〇〇七年一二月改訂）の要点

ここ数年、多くの企業で外国人研修・技能実習生の受入れが進められており、それと同時に外国人研修・技能実習制度に伴う不正行為やトラブルが数多く報告されるようになっていることに対し、法務省入国管理局も重大な問題関心をもち、対応を検討していました。具体的には、研修生に一般の労働者と同じように所定時間外や休日等に作業を行わせるなど、研修計画を逸脱した業務を行わせたり、逃走防止などと称して旅券や外国人登録証明書を保管するといった不正行為が典型的な問題例として上がっていました。こうした状況を受け、一九九九年に策定されたままであった入管指針（法務省入国管理局「研修生及び技能実習生の入国・在留管理に関する指針」）が二〇〇七年一二月に改訂され、受入れ機関が留意すべき事項などを明確にすると共に、「不正行為」に該当する行為についても、類型を設けて明確化されました。同時に、研修生・技能実習生のトラブル発生時の在留に関する入管の対応も明示されたので、資料としてここに紹介します（榛本光男記）。

1　研修・技能実習継続が困難になった場合の対応を明確化

倒産等の理由で、研修生・技能実習生の実習継続が困難になった場合に、本人が研修及び技能実習継続を希望する場合は、「ＪＩＴＣＯ等関係機関の協力・指導等を受けるなどして、新たな受入れ先・実習継続機関を探す必要がある」

ことが明記されました。このことにより、それまでは基本的に「帰国」という形で処置されていたトラブル発生時の研修・技能実習生の在留管理について、大幅な緩和措置がとられ、熊本で訴訟を起こしている技能実習生たちも、三年間の在留期限までを保障された形で裁判闘争を続けられています。また、六名とも実習の継続を希望していますが、農業技能実習生の内の二名が、理解ある農家の協力を得て、新たな実習先がみつかり、二〇〇九年一月現在、農業実習を継続しながら裁判闘争を続けることができるという新たな状況も生まれています。

2 不正行為の明確化

この指針で明確化された「不正行為」の具体的内容についてまとめてみます。今回の指針では以下の六つの類型により、不正行為認定の対象となる行為が明確化されています。

(1) 第一類型

研修生や技能実習生を受け入れる場合、受入れ機関は研修や技能実習の内容について、研修計画や研修生の処遇の概要についての書面、技能実習計画などを提出し、その計画に従って研修や技能実習を実施しなければなりません。これにも関わらず、地方入国管理局等に提出した書類の内容と実際に行われた研修・技能実習との間に齟齬がある研修や技能実習を行った場合がこの類型に該当し、以下の四つに細分類されています。

(1) 二重契約——研修生については、在留資格認定証明書交付申請時などに提出された書面上の研修手当の額などと異なる合意が存在する場合。

(2) 研修・技能実習計画との齟齬——提出された研修計画や、技能実習生との間の雇用契約の内容と齟齬する研修や技能実習が行われていた場合で、その齟齬の程度が申請の許否を左右する程度である場合。

⑶　名義貸し――申請上の研修生・技能実習生の受入れ機関では研修生・技能実習生を受け入れず、他の機関が研修生・技能実習生を受け入れている場合。

⑷　その他虚偽文書の作成・行使――地方入国管理局等に対し、虚偽の内容の書面を提出した場合。

（２）第二類型（研修生の所定時間外作業）

研修生に、一般の労働者のように所定時間外、休日等に作業を行わせるなど、研修計画に記載されていない作業をさせていた場合。

（３）第三類型

研修生や技能実習生の人権を侵害した場合が、この類型に該当しますが、以下の四つに細分類されています。

⑴　暴行・監禁等――研修生や技能実習生に対し、暴行や監禁を行った場合。

⑵　旅券・外国人登録証明書の取上げ――研修生や技能実習生の旅券・外国人登録証明書を取り上げていた場合。

⑶　研修手当、賃金の不払い――研修生に対する研修手当や技能実習生に対する賃金の一部又は全部を支払っていなかった場合。

⑷　その他人権侵害行為――⑴～⑶の他研修生や技能実習生に対し悪質な人権侵害行為を行ったり、研修・技能実習制度に対する信頼に重大な影響を与えた場合。

（４）第四類型

(1) 報告義務違反――研修生や技能実習生の失踪等問題事例が発生した事実をことさらに地方入国管理局等に対して届け出ていなかった場合。
(2) 監査未実施――第一次受入れ機関が研修告示で定められた監査報告を怠っていた場合。
(3) 失踪者の多発――直近の失踪者の発生の前一年間に受け入れた研修生・技能実習生が五〇人以上の機関については二〇％以上の研修生・技能実習生が失踪した場合。前一年間に受け入れた研修生・技能実習生が五〇人未満である機関については一〇人以上の研修生・技能実習生が失踪した場合、あるいは失踪者が一〇人未満であっても、その失踪者数が受け入れた研修生・技能実習生の半数を超えていた場合のいずれかの場合。

（5） 第五類型

技能実習を適正に実施するためには、実習実施機関が労働関係法規を遵守することが求められますが、外国人の就労に関し違法な行為を行った場合を類型として定めたもので、以下の三つに細分類されています。
(1) 不法就労者の雇用――研修生受入れ機関や実習実施機関において、不法就労者を雇用した場合。
(2) 労働関係法規違反――研修生受入れ機関や実習実施機関において、技能実習生等に係る労働関係法規違反があった場合。
(3) その他外国人の就労に係る不正な行為――(1)(2)のほか、第二次受入れ機関や実習実施機関など研修・技能実習に関与する機関が、不法就労者の雇用をあっせんしたり、不法就労活動を容易にするなどの外国人の就労に係る不正な行為を行った場合。

（6） 第六類型（再度の不正行為に準ずる行為）

「不正行為に準ずる行為」に認定された後、改善策を提出し、改善が認められて研修生や技能実習生の受入れを再開したものの、「不正行為に準ずる行為」に認定された後、概ね三年以内に再度「不正行為に準ずる行為」に該当する行為を行った場合。

以上が六つの不正行為の類型とその内容ですが、実際に「不正行為」に当たると判断された場合には、三年間、研修生・技能実習生の受入れを行うことができないなどの罰則が設けられています。研修生・技能実習生を受け入れている事業所では、この指針に基づき、不正行為が行われないよう適正な管理を行うことが求められています。

リンク
法務省入国管理局「「研修生及び技能実習生の入国・在留管理に関する指針（平成一九年改訂）」の策定について」
http://www.moj.go.jp/PRESS/071226-1.html
財団法人国際研修協力機構（ＪＩＴＣＯ）「外国人研修制度」
http://www.jitco.or.jp/contents/seido_kenshu.htm
厚生労働省「「研修・技能実習制度研究会中間報告」のとりまとめについて」
http://www.mhlw.go.jp/houdou/2007/05/h0511-3.html
農林水産省「農業分野における技能実習移行に伴う留意事項について」
www.jitco.or.jp/download/koyoukanri_handbook.html
出入国管理及び難民認定法関連　入国管理局ホームページ
www.immi-moj.go.jp/hourei/index.html

資料2

外国人労働者問題に関する全労連の基本的考え方
――貧困・格差拡大の中、すべての労働者の権利確立を――

全国労働組合総連合

全労連は、これまで外国人労働者のわが国への受け入れに関して「権利を守りつつ秩序ある受け入れを」という基本方針を確認してきた。しかし、研修生・技能実習生の劣悪な労働条件が社会問題化したり、「人の移動」を含む日本とアジア諸国との経済連携協定（ＥＰＡ）や自由貿易協定（ＦＴＡ）締結の動きが加速しているという新たな情勢のもとで、全労連としての考え方を示す必要性が生じてきている。したがって、改めて「外国人労働者問題に関する全労連としての考え方」を提案し、広く労働者・組合員の議論を呼びかけることとする。

一　外国人労働者をめぐる状況

1　多民族・多文化共生の社会をめざして

（1） いま、日本には外国人（移住）労働者とその家族などが数多く住み、生活している。十九世紀後半からのわが国の歴史も反映して、日本国内で働く外国人の状況は多様である。近年は労働力不足もあって日本国籍を取得した人、日系二世三世の人、研修・実習制度で来日した人たちも増え、多民族・多文化の傾向はかつてなく進行している。全労連は〇六年九月、「全労連・外国人問題連絡会」（略称「LCM」）を発足させて、多くの外国人労働者と接し、その労働条件と権利拡充のために共に運動を推進する中で、かつて経験しなかった異文化に接する中でさまざまなことを肌身で感じてきた。地方組織のローカルユニオンや移住労働者ユニオン等での労働相談などを通じ、外国人労働者の組織化をはかり、権利・労働条件の向上を図るための運動を推進してきた。

（2） 経済のグローバル化と労働力移動の国際化がすすむ中で、外国人労働者のわが国への入国が急増している。そのもとで、外国人労働者の人権擁護や労働条件保護など、国際基準に合致する差別と偏見のない多民族・多文化共生の社会の実現に向かうことが今日の国際社会において日本が進むべき道であると考える。

（3） しかし、わが国の外国人法制である出入国管理法や外国人登録法などは外国人を管理することに主な目的が置かれ、人権に配慮した法律の整備は基本的になされてはこなかった。わが国においては、極少の難民認定者数に象徴されるように、国際人権条約上も保護されるべき外国人の入国や在留が認められなかったり、外国人に対する偏見と差別も根強く民族教育も十分に保障されないなど、人権が保障されていないばかりか、逆に多くの場面で侵害されているといわざるをえない。

（4） 全労連が確認してきた基本方針は、本来、外国人労働者の基本的人権保障の上に秩序だった受け入れをはかっていくとの考え方であり、「万国の労働者よ、団結せよ」のスローガンに基づいた国際連帯の精神でもある。しかし、日本社会の現状は、雇用、社会保障、教育、住宅、言語をはじめ多くの解決を図らねばならない問題が山積している。

（5） 同時に、低賃金・無権利の非正規労働者の急増が社会問題化しその解決が求められている情勢も軽視できない。

このような中での外国人労働者の無秩序な受け入れは、すべての労働者のさらなる権利と労働条件の低下という底抜けの状況を招きかねない危険性がある。総合的な条件整備が図られない中での受け入れはあまりにも問題が大きいといわざるを得ない。

(6) したがって、全労連としてこれらの諸点を総合的に検討し、当面後述の「考え方」を提起することとした。

2 研修生・技能実習生の違法な労働実態

(1) 〇六年八月一八日、来日して四ヵ月の二六歳の中国人研修生が、研修斡旋団体の六二歳の職員を刺し殺すという大変ショッキングな事件が千葉県木更津市の養豚場で発生した。この事件は最低基準以下の過酷な労働条件・低賃金への抗議を理由に「強制帰国」が求められ、それに抵抗した研修生がナイフを振るってしまった事件であった。この研修生は兄と弟の学費捻出のため、中国から日本に出稼ぎに来ていた。この事件を契機に外国人研修生・技能実習生の実態と制度のあり方に大きな関心が向けられるようになった。

(2) 全労連が取り組む全国各地の労働相談でも、パスポートを取り上げられ、「タコ部屋」に詰め込まれて外出も禁止され、休日も休みなしの出勤が強要され、賃金は時給三〇〇円と最低賃金以下を強制され、不払い残業も相当時間に及ぶなど過酷な労働実態や外国人労働者の基本的人権侵害の極めて深刻な相談の件数が増大している。それらの相談に応え賃金不払いなどに対する訴訟支援や劣悪な労働条件の改善・権利確立をめざして労働組合への組織化をはかってきた。神奈川、愛知、岐阜、徳島、愛媛、熊本などでローカルユニオンに加入した研修生・技能実習生の運動も展開されてきた。

(3) 研修生・技能実習生をめぐる人権侵害の労働実態等が社会的な問題となり、この制度の存在が問われているもとで、法務省は〇七年一二月に「研修生及び技能実習生の入国・在留管理に関する指針」を改訂（前回は一九九九年二月）し、受け入れ企業が制度の趣旨を理解すること、パスポートの取り上げや外出禁止などの禁止、研修手当や賃金の支払い等に対する対策強化をうちだしている。

3　EPA協定等と外国人労働者受入れ問題

（1）日本とアジア諸国との経済連携協定（EPA）や自由貿易協定（FTA）締結の動きが広がってきている。その具体的内容では、「人の移動」（日本への外国人労働者の送り出し）も重要な課題として位置づけられている。たとえば、フィリピンと看護師や介護福祉士、タイと「タイの技能検定」による介護士、スパセラピスト、料理人。インドネシアと看護師、介護士の受け入れが議題になっている。韓国と医師・看護師等の資格に関する相互承認と介護専門家の受け入れが、マレーシアと企業間の契約に基づく労働者の移動等の受け入れが要望として出されている。

（2）インドネシア政府との間では、すでにEPA協定にもとづいて本年〔二〇〇八年〕五月の事務レベル協議を受けて、第一陣が七月下旬に来日することが決まっている。あっせん期間である国際厚生事業団は、七月中に最多で約五〇〇人を各施設間と雇用契約を結ぶとしている。受け入れは二年間で一〇〇〇人（一年間に看護師二〇〇人、介護福祉士三〇〇人）で、報酬については、日本側が「日本人と同等の報酬」を雇用条件とした。

（3）インドネシアとのEPA協定によるわが国への看護師・介護福祉士の受入れの仕組みは次のようになっている。

⑴　新たに受け入れ対象とする看護師は、インドネシアの国家資格を持ち同国で実務経験がある者、介護福祉士は同国政府が認定した者に限る。

⑵　内訳は看護師が四百人、介護福祉士が六百人。初年度にそれぞれ半数、二年目に残りの半数を受け入れる。

三年目以降はさらに人数を増やす方向で検討されている。

(3) EPA協定による特別な査証(ビザ)の発給を受けて来日・入国する。

(4) 「海外技術者研修協会」又は「国際交流基金」で六カ月の日本語研修を受ける。

(5) その後、病院や介護施設で助手として就労しながら日本の国家試験を受験する。なお、介護福祉士については、介護関連施設で就労・研修を受けながら受験するコースと、専門学校や大学等の養成コースを受講して受験するコースの二つのコースがある。

(6) 在留期間は看護師が三年、介護福祉士が四年で、その間にわが国の国家試験に合格しなければ帰国しなければならない。合格すれば新たな「在留資格」(三年、更新可能)で看護師・介護福祉士として働ける。

以上の仕組みは、フィリピンとの確認でも同様であり、ベトナムなど今後の他国との交渉でもこれが基本的な枠組みになると思われる。

(4) これらのEPAやFTAは基本的には、多国籍化した大企業の海外進出、製品等の輸出拡大と引き換えに、看護師や福祉・介護分野などわが国では「不足が予想される労働力」の供給を受け入れるというものである。こうした新たな外国人労働者の受け入れをどう評価し対応するのかは、産業・雇用政策全体と関わり、わが国の労働組合として避けて通れない課題である。

4 「少子・高齢化」と外国人労働者問題

「少子・高齢化」社会の到来に備え、「日本人では供給が不足する分野」の「労働力不足」を補うために、わが国の労働市場をより開放し単純労働を含めて外国人労働者の受け入れを積極的に行うべきとの意見も強まってきている。

この点では、「単に少子・高齢化に伴う労働力不足への対応として外国人労働者の受入れを考えることは適当でなく、まず高齢者、女性等が活躍できるような雇用環境の改善、省力化、効率化、雇用管理の改善等を推進していくことが重要」との「第九次雇用対策基本計画」の閣議決定（一九九九年八月一六日）や諸外国における外国人労働者の受入れ制度の実際、世論調査等も参考にする必要があると考える。

二 日本の入国管理と外国人の受け入れ制度

1 わが国の入国管理と外国人の「在留資格」

（1） 外国人が日本に入国する際には、①有効なパスポートと査証（ビザ）をもち、②入国の目的が「出入国管理及び難民認定法」（略称、「入管法」）が定める「在留資格」のいずれかに該当し、③希望する滞在期間が「在留期間」に合っていることが必要とされている。

「在留資格」は、外国人が日本国内で適法に行える活動の種類、範囲を定めたもので、別表1のように二七種類ある。「在留期間」とは、その外国人が適法に滞在し活動できる期間のことで、同じく別表1のように在留資格ごとに定められている。

（2） わが国政府は、「就労」を目的とする外国人の入国は原則として、いわゆる「専門・技術者等」（別表1の［A］

1〜16）と法務大臣が特に指定する「特定活動」（別表1の［A］23）に限定し、単純（一般）労働を目的とするわが国への入国は認めていない。日系人など「永住者等」の「身分又は地位に基づく在留資格」者（別表1の［B］24〜27）は例外である。

したがって、①日本への不法な入国や在留期間を超えて不法に残留して、正規の在留資格を持たない外国人が行う就労、②正規の在留資格を持つ外国人でも資格外活動許可を受けないで、在留資格の範囲を超えて行う就労などは当然のことながら不法な「資格外（不法）就労」とされている。

2　政府の外国人労働者受け入れ政策について

（1）　わが国政府の外国人労働者政策の基本は、「専門的、技術的分野」の労働者は積極的に受け入れるが、いわゆる「単純労働」などの外国人労働者受入れは慎重に検討するということである。

外国人労働者政策の基本方針が文書で初めて規定されたのは、八八年の「経済計画」（「世界とともに生きる日本」）と同年の「第六次雇用対策基本計画」である。そこでは「専門的・技術的分野の外国人は積極的に受け入れる」が、「いわゆる単純労働者の受け入れは、わが国の経済社会に与える影響などを考慮して慎重に検討する」とされている。これ以前の外国人労働者の受け入れに関する政府の基本方針は、「雇用対策基本計画」の閣議決定の際に、「国内の高齢者や女性の雇用機会を奪う可能性があることから、外国人労働者の受け入れは行わない」ことを、厚生労働大臣が口頭で了解を得るかたちで確認するという「鎖国状態」であった。

（2）　八八年の政府方針決定後、法務省は入管法改正作業に着手し、八九年には改正法案が国会で可決成立して九〇年六月には改正入管法が施行された。この入管法改正で、それ以前は「商用」「教授」「興行」「技術提携」「熟練労働」及び法務大臣が「特別に認める者」の六種であった就労可能な在留資格は別表1のように16にまで拡大され、不法就労者を雇用した者や斡旋した業者への罰則も導入された。

（3）九九年八月閣議決定の「第九次雇用対策基本計画」（期間は〇九年まで）の「外国人労働者対策」でも、「我が国の経済社会の活性化や一層の国際化を図る観点から、専門的、技術的分野の外国人労働者の受け入れをより積極的に推進する」としつつ、「いわゆる単純労働者の受け入れは、国内の労働市場にかかわる問題を始めとして日本の経済社会と国民生活に多大な影響を及ぼすとともに、送り出し国や外国人労働者本人にとっての影響も極めて大きいと予想されることから、国民のコンセンサスを踏まえつつ、十分慎重に対応することが不可欠である」「また単に少子・高齢化に伴う労働力不足への対応として外国人労働者の受入れを考えることは適当でなく」と極めて慎重に対応している。

（4）それは、その後の「第三次出入国管理基本計画」（二〇〇五年三月二九日法務省告示）においても、「専門的、技術的分野」の外国人労働者は「在留資格や上陸許可基準の整備を行い」「特に高度な人材については、在留期間の伸長等を実施する」など「積極的に受入れを推進する」として継続されている。

3　増大するわが国への入国者と外国人労働者

（1）経済・社会のグローバル化の進展は、国境を超えた商品や資本などの「モノの移動」とともに「人の移動」をも活発化させている。

〇六年にわが国に入国した外国人総数は八一〇万七九六三人と前年比で六五万七八六〇人増（一〇・三％増）で、九六年当時に比べ約二倍に増加している。地域別の入国者数ではアジアが五八三万一二〇九人と七一・九％を占め、北米が一〇三万六四八六人（一二・八％）、欧州が八五万九六九三人（一〇・六％）となっている。日本への入国者の九五％（六四〇万七八三三人）は観光やビジネス等の短期滞在者となっている。

（2）これに対し、就労目的あるいは就労可能な「専門・技術的分野」などの在留資格による〇六年の新規入国者数は、八万一三八一人と前年比で四万四〇四九人の減となっている。これは「興行」目的の入国者が前年に比べ五万一〇九三人減少したからで、他の就労可能な在留資格での入国者数は微増となっている。また、現行制度では就労が認められず労働者として扱われていない「研修」の在留資格で〇六年に新規入国した外国人は、前年比九五二七人増（一一・四％増）の九万二八四六人で年々増加の一途をたどっている。これを地域別に見ると、アジアが八万七八二二人と九四・六％を占め、国籍別では中国が六万一九六三人（六六・七％）、ベトナム五七四四人、インドネシア五六九五人（六・一％）、フィリピン四九四一人（五・三％）、その他のアジア諸国が九五〇六人（一〇・二％）と中国が「研修生」の最大の送り出し国になっている。

一九九〇年の改正入管法施行で、日系三世までが就労制限のない「定住ビザ」を取得できるようになり、ブラジル、ペルーなど南米出身者を中心に多くの日系人がわが国で働いている。

（3）「在留資格」別の〇六年の新規入国者数ならびに外国人登録法により在日居住地に登録されている外国人数は別紙資料〔省略〕の通りとなっている。なお、法務省によれば「在留期間」を超えて在日している不法残留者数は〇八年一月現在で約一七万人、密入国者数は推計で年間約三万人で「不法滞在者」は減少傾向にあるとはいえ今なお約二〇万人になると発表している。その大多数は「不法就労者」と思われるが、出入国管理及び難民認定法違反として司法当局に摘発、強制退去処分などを受けているのは、〇六年は約四万六〇〇〇人で年々増加の一途をたどっている。

三　研修生・技能実習生をめぐる諸問題

1　研修制度の規制緩和と技能実習制度の発足

（1）九〇年六月の改正入管法施行から二カ月後の九〇年八月に「在留資格」にかかわる法務省告示が改定され、今日でいう「団体管理型」の外国人研修制度が導入された。

これは、事業協同組合や商工会議所、商工会を構成する海外に拠点を有しない中小企業団体などを受け入れ団体とし、傘下の中小企業で現場実習を行う研修制度である。それ以前の研修制度（「企業単独型」として八一年に「在留資格」創設）は、日本企業と海外にある子会社や関連会社、一定の取引高が存在する現地法人との間などいうなら広義のグループ内人材移動による技術・技能の移転に限られ、受け入れも常用雇用労働者二〇名に付き研修生一名（五％以下）の人数に制限されていた。ところが、「団体管理型」は海外企業との繋がりを必要とせず、人数規制も緩和された。

（2）「団体管理型」制度推進のため九一年に法務、外務、厚生労働、経済産業、国土交通の五省共管により財団法人「国際研修協力機構」（ＪＩＴＣＯ）が設立されている。この機構は、外国人労働者の受入れ団体からの会費と政府からの補助金・受託金を基本財政に運営されている。その役員は元高等検察庁検事長や厚労省・法務省などの官僚ＯＢや、日本経団連の幹部、業界団体会長、大企業の会長などで構成されている。

（3）九三年四月には、法務大臣が指定する「特定活動」として新たに技能実習制度が発足した。研修の結果、一定水準以上の技能水準に達したことが公的技能評価制度によって認められた場合、その外国人研修生の在留資格を「研修」（別表1の［A］21）から「特定活動」（別表1の［A］23）に変更し、雇用契約の下で継続して二年を限度に就労することが容認されるようになった。その職種は〇七年四月には六二職種、一一四作業に拡大されている。

2 「現代版奴隷」としての研修生・技能実習生

（1） 政府や財界は、「国際貢献」や開発途上国への「技能・技術移転」など美しい言葉で研修制度を説明している。しかし、〇七年六月の米国務省の「人身売買報告書」でも「非人権的状況におかれている」と厳しく指摘され、同年七月には米国務省人身売買監視・対策室長が来日して「制度の廃止」を提案したように、実態的には人権蹂躙の「現代版奴隷」というべき劣悪な労働条件が少なくない。最低賃金以下の低賃金、ただ働きと長時間労働や休日労働の強制、外出禁止、パスポート取り上げなどが多くの労働現場で公然とまかり通っている。

（2） 労働基準監督署が〇六年に労働法令違反で指導した外国人労働者受入れ事業場数は一二〇九箇所にのぼり、前年比で六五％増となっている。技能実習生による法令違反の申告件数も一三二件、前年比八四％増と過去最多となっている。また、この制度を推進している「国際研修協力機構」（ＪＩＴＣＯ）が受け入れ先企業への巡回指導で把握している労働基準法や労働安全衛生法、社会保険未加入などの違反行為の延べ件数は、〇六年度では前年度より二四％増の七三九七件となっている。しかし、明るみに出ている違反や事件などは「氷山の一角」にすぎず、労働相談も拡大の一途をたどっている。

（3） このような違法行為多発の背景には、①この制度を事実上の「単純労働」受け入れの抜け道として、あるいは「安定した」低賃金労働者の供給源として悪用する企業経営者が少なくないこと、②斡旋（受け入れ）団体によっては外国人労働者の低賃金を売り物にしていること、③研修生は来日にあたって法外な手数料と保証金を自国の送り出し機関に支払わされ、問題なく研修・実習を修了して帰国することが保証金や家の権利書の返却条件となっており、違法摘発などで逆らえば「強制帰国」させられ、膨大な借金だけが残るという仕組みがあることなどで、国際貢献や技術移転とはまるで程遠い実態でこの制度が運用されていることがある。それだけに、この研修生・技能実習生をめぐっては、制度の廃止を含め制度の抜本的見直しを求める声が各界から強く出されてきている。

3　研修生・技能実習生をめぐる政府の対応

（1）　政府・関係省庁においても研修・技能実習制度の運用改善と制度の見直しが不可避の課題となっている。「規制改革推進のための三ヵ年計画」（二〇〇七年六月二二日閣議決定）においてさえ、「実務研修中の研修生の法的保護や技能実習に関する在留資格の整備等に関し、遅くとも〇九年通常国会までに関係法案を提出」すること、それ以前においても改善すべきことは早急に措置することが確認されている。

（2）　そして、「規制改革推進のための第二次答申」（二〇〇七年一二月二五日）では、研修生・技能実習生保護にむけて早急に講ずべき措置として、①「ホットライン」開設など母国語で相談できる体制の整備とその周知、来日研修生に労働関係法令の説明や不正に遭遇した場合の対処方法等の初期講習会実施の体制整備、受入れ機関の倒産等で研修継続が困難な場合は他の受入れ機関で継続できる仕組、②受け入れ機関の適正化のためいかなる行為が「不正行為」かを明確化する、ＪＩＴＣＯを通じた制度運用にむけた巡回指導の強化、不正行為認定を受けた機関の廃止を含め厳しい防止措置、受入れ機関責任者への講習会実施と受講者がいない機関の受入れ停止、③送り出し国政府に不当な保証金や管理費の徴収、不当に返還しない実態などの適正化要請、不当な実態が明らかな場合には当該送り出し機関からの受入れを停止する、④実務研修中の研修生に労働基準法や最低賃金法など労働関係法令の適用と在留資格の整理、⑤「再技能実習（又は高度技能実習）制度」を新設し、三年間の技能実習を終え帰国した後、より高度な技能移転が見込まれる者に再来日して新たな技能実習を二年間実施する制度の導入の検討などを打ち出している。

（3）法務省も〇七年一二月二六日、「近年、研修生や技能実習生を低賃金労働者として扱うなど、一部の受入れ機関により不適正な受入れが行われ、研修生・技能実習生が被害者となる事案が増加している」として、九九年二月に「適正な研修や技能実習を実施するために、受入れ団体、企業はどのような事項に留意すべきか、また、行ってはならない『不正行為』とはどのようなものかなどを理解しやすいものとする」ために策定した「研修生及び技能実習生の入国・在留管理に関する指針」を八年ぶりに改定して公表している。

（4）その主な内容は、①受け入れ企業は、この制度の趣旨が技術移転等を通じた国際貢献にあることを理解しなければならない、②旅券や外国人登録証明書を預かったり、外出を禁止したりするような不適正な方法で研修生・技能実習生を管理してはならない、③研修手当てや賃金を確実に支払うこと、振り込まれる口座の通帳を預かってはならない、④第一次受入れ機関による研修にたいする十分な監理、商工会などが名目だけ研修の受入れ機関となり、実質的には他の機関が研修を「監理」することは禁止されている、⑤送り出し機関が不当に高額な保証金を徴収している場合には、その送り出し機関を介しての受入れを取りやめる等の対応をすべきである、⑥「不正行為」を行った企業等は、その後三年間は研修生の受入れを行うことができない、等々となっている。

4　「制度見直し」に対する政府・財界などの検討方向

研修生・技能実習生制度は、〇九年の通常国会までに「制度見直し」関係法案を提出することが閣議決定されており、関係機関は〇八年夏をメドに内容のすり合わせを進めようとしている。このため、政府内や財界から様々な意見が出されてきており、主な概要と検討方向は次の通りとなっている。

（1） 厚生労働省――「研修・技能実習制度研究会中間報告」のとりまとめについて（二〇〇七年五月一一日）

(1) 「労働」とならない研修を担保することは困難で、「研修（一年）」＋「技能実習（二年）」は、最初から雇用関係の下での三年間の実習とし、労働関係法令の適用を図る。

(2) 同等報酬要件の判断の前提となるガイドライン（目安）を設定し、実習生の賃金水準が著しく低い場合には、遵守状況を調査し、必要な措置を講じる。

(3) 「企業単独型」に限り、現地法人における更なる技能向上のため、個別の審査により再実習の必要性が認められた場合に、二年間に限定し（合算して五年以内）、これを認める。

（2） 経済産業省――「外国人研修・技能実習制度に関する研究会」とりまとめ（二〇〇七年五月一四日）

(1) 民間レベルの国際貢献のとりくみを維持し、充実させることを念頭に、不適正な受入れ機関には厳しく対応、制度の趣旨に沿ったとりくみを促進する制度設計をすすめることが必要。

(2) そのため、制度趣旨の徹底、研修・技能実習生の保護、受入れ機関の適正化、送り出し機関の適正化等とともに、技能検定取得など優秀な者で本人が希望する場合に限り一旦帰国後に二年程度の再入国を認める高度技能実習制度（再技能実習制度）の導入など制度の高度化、受入れ機関の活動内容を外部機関が評価する仕組みの導入などを検討すべき。

（3） 長勢甚遠法務大臣（当時）――「外国人労働者受入れに関する検討指示について」私案（二〇〇七年五月一五日）

(1) 受入れの目的を現行の国際技能移転に限定せず、国内で必要な労働力確保に資するものに転換する。その際、受け入れ対象者・受入れ企業について形式的な区分は行わない。

(2) 特定の要件を備えた受入れ団体の許可制度を設け、人的・資金的規模等により受入れ枠を設定する。ただし、長期滞在・定住につながらないよう外国人の就労期間は三年とする。

(3) 以上により、技能実習制度は廃止するが、研修制度は存置し見直しを行う。

(4) 日本経団連――「外国人研修・技能実習制度の見直しに関する提言」(二〇〇七年九月一八日)

(1) 不適正な保証金等の徴収の是正など送り出し機関の適正化と受入れ機関の適正化、企業単独型研修の受入れ枠の拡大とグループ企業間での受入れ範囲の拡大。

(2) 研修一年(その三分の一は座学)、技能実習二年と固定せず、来日前に日本語学習や経験がある場合は、研修期間を短縮できるなど、三年の範囲でそれぞれの機関について柔軟性を確保すべき。

(3) 企業単独型に限定せず、優良認定による再技能実習の制度化を図るべき、また、技能者が慢性的に不足すると予想される分野は、二国間協定や労働需給(市場)テストの導入を前提に、再技能実習修了者に「技能」の「在留資格」を付与することを検討すべき。

(5) 経済財政諮問会議――「労働市場改革専門調査会第二次報告」(二〇〇七年九月二一日)

(1) 研修・技能実習の区分を見直し、両者を合わせた三年間を技能実習という新たな「在留資格」として、研修中の実務研修を現行の技能実習同様に労働法を適用する。

(2) 現行制度とは別に、送り出し国のより高度な研修ニーズに対応したものとして、二年間の「高度技能実習制度」を新設することを検討すべき(当面は、経産省が提案している、優良企業が申請する「再技能実習」をその担い手として)。

(3) 複数の技術を含めた包括的な対象職種設定や看護・介護や家事・育児などを含めた対象職種の見直しなどを

検討すべき。但し、実質的な単純労働の受入れ拡大が進まないよう留意すべき。

四　わが国における外国人の法的地位

1　外国人の入国・滞在の許可について

（1）国際慣習法上、いかなる外国人が当該国に入国を認められるかは国家の主権に属し、国家はあらゆる外国人の入国・滞在を許可すべき義務を負わないとされてきた。しかし、通商航海条約をはじめとする二国間の条約や協定により、国家は外国人の入国について、条約上の義務を負うことになってきている。

最近では、「世界貿易機関（WTO）」（GATT「関税と貿易に関する一般協定」に替わって九五年に発足）設立条約の付属協定である「サービス貿易に関する一般協定」（GATS）によって、「サービス貿易に不可欠な人の移動」に関する自由化約束は、「最恵国待遇（MFN）」（通商条約、商航海条約において、対象となる国に対して、関税などについて別の第三国に対する優遇処置と同様の処置を供することを、現在及び将来において約束すること）及び「内国民待遇（NT）」（自国民と同様の権利を相手国の国民や企業に対しても保障すること）の原則により、協約締結国すべてに義務を負うことになった。

（2）外国人にどのような権利を認めるかは、国際法上の一般規則はないため、各国は憲法その他の国内法令で外国人の権利を自由に定めれば良いとされてきた。各国は様々な条約に定められた内外人平等（外国人も内国人と平等に権利を有するという考え）の原則を国内法上に具体化している。例えば、「国際人権規約」（四八年の国連総会で採択された「世界人権宣言」を基本に六六年の国連総会で採択され、日本政府は七九年に一部を留保・宣言したうえ批准している）は、内外人平等を基本的な理念とし、「難民の地位に関する条約」（五一年に国連で採択、日本政府は八一年に加入）は難民の権利に関して、分野により内国民待遇、最恵国待遇ないし一般外国人並の待遇を保障することを義務付けている。

2　憲法が規定する「基本的人権」「国民の義務」と外国人

（1）　日本国憲法は、第三章で「国民の権利及び義務」を定めているが、わが国内における外国人の権利や義務については何らふれていない。最高裁判例では、日本国憲法の規定する基本的人権の保障について、「いやしくも人たることにより当然享有する人権は不法入国者といえどもこれを有する」と「肯定説」を通説としているが、憲法の定める基本的人権がすべて外国人に保障されているわけではない。

（2）　立法・行政・司法の各分野への外国人の参画は認められておらず、社会保障制度などの社会権も外国人には保障されていない。

日本政府は八一年に「難民の地位に関する条約」を批准する際に、「国民年金法」「児童扶養手当法」「特別扶養手当法」「児童手当法」の国籍要件を撤廃した。しかし、「生活保護法」は日本国民及びそれに準じる永住者・定住者に限ってしか適用が認められていない。

また、憲法第三章は日本国民に対し、保護する子女に普通教育を受けさせる権利、勤労の義務及び納税の義務が定めている。このうち納税の義務は外国人にも適用されるが、保護する子女に普通教育を受けさせる義務及び勤労の義務は外国人には適用されないと解されている。なお、労働関係法令は、労災保険制度を含め国内に就労する労働者であれば、国籍や入管法上の「不法滞在」や「不法入国」などの地位を問わずに適用される。

（3）すでに触れたように戦後日本の外国人法制は、出入国管理法や外国人登録法などで「外国人を管理する」ことに主眼が置かれ、外国人の人権などに関する法整備が成されないまま今日に至っている。

韓国では、〇七年に「在韓外国人基本法」が制定・施行されている。わが国においても、グローバル化の進展などにより来日・在日する外国人が年々増大している今日、日弁連が〇四年の人権擁護大会宣言でうちだした「外国人・民族的少数者の人権基本法」の制定や外国人の基本的人権や国際法に基づく「内外人平等」などを明確にした「在日外国人基本法（仮称）」を制定することが重要になっている。

3　外国人労働者の就労適正化と労働法

（1）外国人の就労を適正化する見地から、〇七年六月に改正された「雇用対策法」では、「高度の専門的な知識又は技術を有する外国人のわが国における就業を促進するとともに、労働に従事することを目的として在留する外国人について、適切な雇用機会の確保が図られるようにするため、雇用管理の改善の促進及び離職した場合の再就職の促進を図るために必要な施策を充実すること」（四条一項一〇号）とともに、事業主に対しても「その雇用する外国人が有する能力を有効に発揮できるよう、雇用管理の改善に努めるとともに、雇用する外国人が本人の責めによらずに解雇・離職する場合には再就職の援助に努めなければならない」（八条）ことを明らかにしている。

（2）また、従来の「外国人労働者の雇用・労働条件に関する指針」（九三年五月）に代わって、〇七年八月には「雇用対策法」八条に基づく「外国人労働者の雇用管理の改善に関して事業主が適切に対処するための指針」が策定されている。この新たな指針においては、事業主が外国人労働者の雇用に当たり、労働及び社会保険関係法令を遵守するとともに、外国人労働者の就労環境に適切な措置を講ずべきことを定めている。具体的には、募集・採用の適正化、差別的扱いの禁止と均等待遇、労働条件明示など適正な労働条件の確保、安全衛生の確保、社会保険の適用、適切な人事管理の措置等々の事業主が講ずべき必要な措置を明らかにしている。

（3） 加えて、「雇用対策法」の改正により、従来の「外国人雇用状況報告制度」に代わる外国人労働者の「雇用状況届出制度」（特別永住者等は対象外）が導入され、外国人労働者を雇用するすべての事業主に雇用状況の届出が罰則付きで義務付けられた（同法二八条一項）。これにより、外国人を雇用する者は、結果的に、当該外国人が適法に就労する資格を有しているかどうかの確認が求められることになった。

なお、入管法上の「就労資格」を有しないで就労している外国人を「不法就労者」というが、それは入管法との関係（二四条）では、不法入国、不法上陸、不法残留、資格外活動などに分けられる。

しかし、労働基準法、最低賃金法、労働安全衛生法、労災保険法等の労働者保護法は、すべての労働者に適用されることから、「不法就労者」であっても原則適用がある。また、行政解釈は、職業安定法、労働者派遣法、労働基準法等の労働法令は、日本国内における労働であれば、「不法就労者」にも適用があるとしている（一九八八・一・二六基発五〇号、職発三一号）。

五　結論——外国人労働者問題に対する全労連の基本的考え方——

1　「外国人基本法」（仮称）を制定し、多民族・多文化共生の社会をめざす

（1）グローバル化と労働力移動の国際化がすすみ、外国人労働者のわが国での就労が急増している。全労連としては、外国人労働者の日本人労働者と同等の労働条件を保障することで、差別と偏見のない多民族・多文化共生の社会の実現に向かうべきだと考える。

しかし、わが国における外国人法制は、すでに述べた通りであって在日あるいは来日の外国人の人権や基本的権利の保障、社会保障制度、住宅・教育等に関する法整備が立ち遅れている。

（2）国際的には、ＩＬＯの「移民労働者に関する条約」（九七号、一四三号）や「勧告」、社会保障適用の均等待遇を明らかにした第一一八号条約、さらには、内外人平等を基本理念とする「国際人権規約」や難民の権利として内国民待遇などの保障を義務付けている「難民の地位に関する条約」やＷＴＯ等などが、「外国人」や「難民」「人の移動」に関する権利保障などを明らかにしている。

これら国際条約や諸外国での外国人政策をも参考にしつつ、全労連としては、多民族・多文化共生の社会をめざす立場から「外国人基本法（仮称）」の制定について、提案する。

全労連は、わが国が「外国人基本法」（仮称）を制定し、多民族・多文化共生の社会をめざすことを提言する。国際的に確立されている外国人の基本的人権や内外人平等・内国民待遇、社会保障制度・教育の諸権利などを確立するものである。同時に、外国人に対する「ワン・ストップ行政サービス」の体制確立を図ることも目的とする。

在日来日外国人の「社会統合」への政府・自治体の役割を明確にさせるとともに、永住・定住する外国人の行政、立法、司法への参加や雇用、社会保障などを広く保障するための基本的事項を定め、国民的合意を形成していくこととする。

2　外国人労働者受入れの基本的考え

（1）わが国は諸外国と比較して外国人労働者の受け入れ経験が少ない中で、今後、外国人労働者を単なる「労働力」と見るのではなく、日本人と外国人が共に安心して暮らせる多民族・多文化共生の社会を目指す必要がある。そのためには、雇用、社会保障、教育、語学、子どもの就学、コミュニティーへの参加などの諸問題の解決が求められる。言語・文化の違いを超えた共生の社会を築くために政府の施策を求めるとともに、労働者・国民の意識改革も必要である。単純労働を行う外国人労働者の対応に向けての国民的論議も求められる。日系二世、三世は就労制限のない「定住ビザ」が発行されているが、今後の四世問題もある。「定住者」の資格をとれば四世が成年になってもまた結婚等で親から独立しても原則的に「定住者」は更新されるが、成年になったり親から独立した場合、海外で「定住者」資格が失われると、その後の入国は「新規入国」とみなされ「定住者」資格はとれないことになる。したがって、少なくとも在日の日系人家族について資格が喪失しないよう今後、政府に求めていくこととする。

（2）ヨーロッパやアジアなど諸外国の政策や実態は、いずれの国においても国内における自国民の雇用の確保・安定化を国政上の最重要課題とし、外国人を労働者として無条件・無制限に受け入れている国はない。各国に共通しているのは、「外国人の受入れを規制するという方針を維持」したうえで、「高度（専門的）人材」の受入れは積極的に拡大する政策がとられ、一方で、「一般労働者」は、多くの国で抑制的な対応となっている。

（3） わが国の雇用状況は、財界・大企業による正規社員のリストラと非正規労働者への置き換えなど徹底したコスト削減が政府による労働諸法制改悪をテコに大規模にすすめられ、低賃金で無権利のパートや派遣など非正規労働者が雇用労働者の三分の一を超えるまでに拡大される状況となっている。また、完全失業者も今なお二百数十万人存在し、青年層に集中している。医療・福祉部門などにおける人材不足も深刻であるが、厚生労働省によると、看護師資格を持ちながら仕事に就いていない「潜在看護師」は准看護師、助産師、保健師を含め五五万人といわれており、働く条件整備が大きな課題となっている。

このような状況のもとで、いわゆる「一般労働者」として外国人を無条件・無制限に受け入れることは、青年層などわが国の労働者の雇用や労働条件をさらに悪化させかねない。

（4） 「労働力不足の分野での単純労働の受け入れ」を支持する世論が拡大しつつあるとの世論調査（『毎日新聞』二〇〇七年一二月）もある。その場合でも「条件付」が増え、「条件なし」の世論は減少していること、さらには「現行どおり単純労働は受け入れるべきでない」との声が三分の一近くを占めていることなどを充分に踏まえなければならない。

（5） 一方、わが国周辺のアジア諸国の労働者にとって、わが国は極めて魅力的な「出稼ぎ」先である。他方、労働力人口が減少するもとで、国内外のコスト競争にさらされているわが国の中小零細企業にとっても外国人労働者は魅力的な存在となっていることも事実である。

したがって、先の「外国人基本法（仮称）」などの環境整備をはかった上で、韓国の「雇用許可制度」の運用実態なども参考に、全労連として「労働許可制度」などについてのさらなる検討をはかることとする。

(1) 将来にわたる受け入れについては更なる検討を図ることを前提に、当面、外国人労働者の受入れは、現行制度で「在留・就労資格」が認められている「専門的な知識・技術・技能を必要とする職種」に限定し、その資格を充たす者とすべきである。その際、外国人労働者と国内における労働者の雇用や労働条件を守るためにも、わが国の労働者と同等の賃金・労働条件などでの就労を保障する必要がある。日系二世、三世などの労働者についても、わが国労働者と同等の労働条件・権利確立などを求めていく。

(2) いわゆる「一般労働」を可能とする「在留・就労資格」の緩和は、国内労働者の就業機会減少や労働市場の二重構造化など国内の雇用不安を招き、労働条件の引き下げに繋がる恐れもあることから認めるべきではない。

3 研修生・技能実習生制度の見直しについて

現行の外国人研修生の受入れルートは、JITCO経由の「企業単独型」「団体管理型」「JITCO推薦」と、政府機関による受入れ（「JICA」国際協力機構、AOTS「海外技術者研修協会」）、入管への直接申請などがあり、JITCO経由が全体の六割強を占めている。

JITCOが推進している「団体管理型」の事業は、「技能移転による国際貢献」とは程遠く、いわゆる「単純労働」の代替として低賃金・無権利労働者として全国各地の中小零細企業の多くで活用され、人権侵害や労働法令違反事件を引き起こして社会問題となっている。したがって、以下の点での見直し改善を早急に措置すべきである。

(1) 「団体管理型」の研修・技能実習制度廃止すべきである。新規受入れを停止し、現に在日中の研修・実習生の労働条件等に関する実態把握を行い、同等待遇違反や法令違反等の是正措置を講ずるべきである。

(2) また、「企業単独型」の研修・技能実習制度についても、「技能移転による国際貢献」にふさわしい内実の伴う研修や同等待遇の厳守など制度化すべきである。

(3) 外国人労働者や研修生等の権利保護措置などを盛り込んだ厚労省の「外国人労働者の雇用管理の改善に関して事業主が適切に対処するための指針」(二〇〇七年八月)や法務省の「研修生及び技能実習生の入国・在留管理に関する指針」(二〇〇七年一二月)、研修・技能実習制度の本来の趣旨などを受け入れ企業が遵守するよう徹底し、すべての外国人労働者への「指針」の周知をはかるべきである。

4 経済連携協定に伴う外国人労働者受け入れについて

(1) わが国政府は、世界各国との経済連携強化に向けて、個別的・地域的な「経済連携協定」(EPA)を締結すべく積極的なとりくみを展開している。その中では「人の移動」として、インドネシアやフィリピンなどとの協定で、「看護師・介護福祉士等」の日本への受入れも合意内容に含まれている。タイとの協定では、料理人などを合意し、「看護師・介護福祉士等」は交渉継続中となっている。フィリピンは上院で承認が得られず協定の発効日は未定だが、インドネシアとは今年中にも看護師・介護福祉士の候補者を一千人規模で受け入れることが決定している。なお、看護師は現在でも日本の資格を取得すれば、「在留資格」が認められているが、実績は極めて乏しい。

(2) 政府は、EPAにより「看護師・介護福祉士等」を受け入れる理由として、現在でも深刻な看護師不足などが、高齢化と少子化がさらに進む将来はもっと深刻になるからとしている。

しかし、わが国における看護師不足などの最大の原因は、その過酷で劣悪な労働条件にあることはすでに日本医労連が現場実態から告発している。看護師確保のためには賃上げ・労働時間短縮などの労働条件の改善が不可欠の課題となっている。また、非正規労働者の比率が高く、離職率も高い介護・福祉現場の厳しい労働実態、他産業と比べても格段に劣悪な労働条件などは、介護保険制度のもとで介護報酬が施設の維持や従事者の生活保障等に見合わない低いものである事に起因している。

このような医療や介護・福祉現場の労働条件の抜本改善こそが、わが国政府がいま進めるべき緊急の課題であり、そのことを抜きに賃金水準の低い開発途上国などから外国人労働者を流入させることになれば、外国人労働者自身が低賃金や劣悪な労働条件に晒される恐れがある。また、入国した外国人労働者は当初の「在留期間」である三年ないしは四年以内にわが国の国家試験に合格しなければ「帰国」することになっており、外国人研修生のようにこれが逆用されて、この期間を「低賃金労働者」の供給源として悪用される事も充分に危惧される。

高齢化や少子化による労働力の不足も指摘されているが、この点についても「第九次雇用対策基本計画」が指摘するように「まず高齢者、女性等が活躍できるような雇用環境の改善等を推進していくことが重要」であり、時間外労働の上限規制や労働時間短縮、非正規労働者の正規化など労働条件や社会条件を改善・整備し、男女ともに働き続けられる環境整備を優先すべきである。

しかも、EPA協定は先にもふれたように、財界や多国籍化した大企業が世界中で利益と市場を拡大することに最大の狙いがあることは明白であり、それを優先するあまりの国内での問題深刻化は受け入れがたい。

(1) EPA協定などによる看護師・介護福祉士等の安易な受入れは行うべきではなく、相手国の国家資格を相互に認証することも認められない。わが国の国家資格が必要な医師等の職種への就業は、日本国内の資格取得とコミュニケーション可能な日本語能力を前提とすべきである。

(2) ホームヘルパーなど資格制度が未整備でいわゆる一般労働者との区別が困難な労働者は受け入れには反対する。一方、現に受け入れた外国人労働者については、同等待遇や法令遵守を求めていく。

《参　考》

●外国人労働者の受入れに関する世論調査

（1）増大する外国人労働者の問題について、わが国の国民はこれをどう見ているのか、〇四年に内閣府が実施した世論調査では以下の特徴がまとめられている。

(1) 外国人労働者について、「増加している」と「感じる」五一・〇％、「感じない」四五・六％。「関心がある」は五三・一％、「関心がない」四五・七％。

(2) 受入れに当たって「外国人労働者に求めるもので一番重要だと思うこと」では、「日本語能力」三五・二％、「日本文化への理解」三二・七％、「専門的な技能・技術、知識」一九・七％。

(3) 日本人が就きたがらない職業への就労については、「外国人が就けばいいというのは良くない」三二・六％、「本人が就きたがっている場合は良い」三一・一％、「良くないことだがやむを得ない」二八・四％。

(4) 外国人労働者の受入れ制度の周知度（「専門技術は受入れ」「単純労働は認めていない」）「知っている」二四・八％、「知らない」七二・九％。

(5) 現行制度の是非については、「今後とも現行制度の維持」二五・九％、「労働力が不足する分野では単純労働を受入れる」三九・〇％、「条件をつけず単純労働を広く受け入れる」一六・七％。

(6) 「現行制度を維持」を支持し、単純労働の受入れを認めない理由「治安が悪化する恐れがある」七四・一％、「地域でのトラブルが多くなる恐れ」四九・三％、

「日本人の雇用に悪影響を与える」四〇・八％。
(7)「国内の活力最優先」を前提に、単純労働を受け入れる際の条件は、
「日本人の雇用優先で、余った求人募集のみ受け入れを認める」五一・七％、
「社会保障や教育などの費用は誰が負担するのかを明確にする」四三・一％、
「滞在期間に期限を設ける」三五・一％、「一定水準の日本語能力」二三・八％。
（2）また、〇七年一二月に行った『毎日新聞』の全国世論調査では、「単純労働」の受入れについては、「労働力不足の分野で受入れ」容認が五八％あり、「条件をつけずに受入れ」容認は五％で、「現行どおり、受け入れるべきでない」は三一％であった。
(1)「受け入れるべきでない」理由としては、
「日本人の雇用や労働環境に悪影響」が五一％、「治安が悪化する」三五％、
「風習の違いによるトラブルが起きる」一〇％、「社会保障や教育費の負担などが増える」三％。
(2) 社会保障費や教育費の負担を誰が主に担うか」については、
「雇い入れる事業主」と「労働者が必要な産業界」がいずれも三八％を占め、「外国人労働者自身」「国民全体」は双方とも一一％。

これは、調査方法が違うために単純比較できないものの、前記内閣府の調査と比べると、外国人「単純労働」については「条件付受入れ」が一九ポイント増え、「条件なし受入れ」が一二ポイント減ったのが目立ち、「受入れ拒否」の理由でも内閣府調査では「治安の悪化」が七四％と突出していたのが、「雇用への影響」が半数あったのが特徴であり、非正規労働者の増大と「貧困と格差」が拡大している今日の雇用状況の悪化が強く反映している。

編者　「外国人労働者問題とこれからの日本」編集委員会
連絡先　〒862-0954 熊本市神水1丁目30-7 コモン神水内
TEL　096-384-2942　FAX　096-384-2957

編集委員会メンバー

中国人技能実習生訴訟弁護団
寺内　大介　小野寺信勝
村上　雅人　椛島　隆
久保田紗和　小林　法子
渡邉　剛　西　清次郎
板井　優

ローカルユニオン熊本
上山　義光　荒木　正信
石原　勝幸　緒方　徹治
楳本　光男　重松　淳平

中国人技能実習生（訴訟原告）
刘　君　谷　美娟
杜　甜甜　馮　桂芹
夏　暁明　佟　慧玲
时　偉平（帰国中）

全国労働組合総連合（全労連）

〈研修生〉という名の奴隷労働 ―― 外国人労働者問題とこれからの日本
2009年2月20日　初版第1刷発行
2015年3月25日　初版第2刷発行
編者 ――「外国人労働者問題とこれからの日本」編集委員会
発行者 ―― 平田　勝
発行 ―― 花伝社
発売 ―― 共栄書房
〒101-0065　東京都千代田区西神田2-5-11 出版輸送ビル2F
電話　03-3263-3813
FAX　03-3239-8272
E-mail　kadensha@muf.biglobe.ne.jp
URL　http://kadensha.net
振替　00140-6-59661
装幀 ―― 水橋真奈美（ヒロ工房）
印刷・製本 ― 中央精版印刷株式会社

ISBN978-4-7634-0537-1 C0036